Gottfried Lindner

Natürlich glauben!

Gottfried Lindner

Natürlich glauben!

Predigtbilder über Natur und Glaube

Fromm Verlag

Impressum / Imprint
Bibliografische Information der Deutschen Nationalbibliothek: Die Deutsche Nationalbibliothek verzeichnet diese Publikation in der Deutschen Nationalbibliografie; detaillierte bibliografische Daten sind im Internet über http://dnb.d-nb.de abrufbar.

Bibliographic information published by the Deutsche Nationalbibliothek: The Deutsche Nationalbibliothek lists this publication in the Deutsche Nationalbibliografie; detailed bibliographic data are available in the Internet at http://dnb.d-nb.de.

Coverbild / Cover image: www.ingimage.com

Verlag / Publisher:
Fromm Verlag
ist ein Imprint der / is a trademark of
OmniScriptum GmbH & Co. KG
Heinrich-Böcking-Str. 6-8, 66121 Saarbrücken, Deutschland / Germany
Email: info@frommverlag.de

Herstellung: siehe letzte Seite /
Printed at: see last page
ISBN: 978-3-8416-0616-7

Inhaltsverzeichnis

Stichwortverzeichnis:

1. Von den Gestirnen des Himmels
Sonne, Mond und Sterne

Sonne (Psalm 19)

Die Erkenntnisse der Forscher über die Sonne sind gewaltig. Das Volumen unserer Erde hätte 1,3 Millionen Mal in unserer Sonne Platz. Stellen wir uns das einmal bildlich vor, dass fast eine Million Erdkugeln im riesigen Sonnenkörper Raum fänden. Für uns, die wir uns nicht einmal die Größe unseres Planeten wirklich vorstellen können, ein geradezu gigantisches Ausmaß.

Die Temperatur der Sonnenoberfläche liegt bei 6.000 Grad Celsius. Eine Temperatur, bei der selbst die härtesten Metalle und Steine kochen und verdampfen. Unsere Erde würde, käme sie der Sonne zu nahe, in wenigen Stunden verdampfen. Die Temperatur unserer Erde liegt zwischen minus 60 Grad Celsius in der Antarktis und plus 50 Grad Celsius am Äquator, also im Mittel so um die 15 Grad Celsius. Das ist die Temperatur, mit der wir leben können. Würde sie sich nur um 10 Grad Celsius im Durchschnitt verändern, wir müssten mit gewaltigen Katastrophen rechnen. Eine Veränderung um 20 bis 30 Grad Celsius würde ein Leben auf der Erde auf Dauer nicht mehr möglich machen.

Erde der Sonne genial zugeordnet

Die Sonne ist unserer Erde in wunderbarer Weise zugeordnet. Ihre Größe, ihre Wärme und ihre Entfernung zu uns sind einfach genial, genau auf uns abgestimmt. Wenn sich einerseits die Erde nur einige 1.000 km von der Sonne entfernen würde, so wäre sie in kurzer Zeit von einem festen Eismantel umgeben. Würde sich andererseits die Erde der Sonne wesentlich nähern, wäre sie in wenigen Tagen ausgetrocknet wie die Wüste Sahara.

Hat nicht etwa der Herr des Universums unsere Erde einen idealen Platz zugewiesen zwischen tödlicher Hitze und erschreckender Kälte? Sollten wir nicht immer wieder, wenn wir die Sonne sehen, ihm von Herzen danken mit den Worten: Danke Gott für dieses Geschenk der Sonne. Danke, dass sie uns die Wärme und das Licht bringt, das wir brauchen um zu leben. So hat es auch schon der Dichter des 19. Psalms vor über 3000 Jahren ausgedrückt: „Der Himmel verkündet uns: Gott ist groß! Seine Schöpfermacht bezeugen die Gestirne. Ein Tag sagt es dem anderen, jede Nacht ruft es der nächsten zu: Gott ist sehr groß!“

Die Sonne in den alten Kulturen

Diese hohe Bedeutung der Sonne für unsere Erde haben Menschen in den alten Kulturen viel stärker wahrgenommen. Für sie wurde die Sonne zum Gott. Zur Lebenskraft schlechthin. So finden wir Sonnenkulte in den frühen Hochkulturen in Ägypten, Mexiko und Peru, aber auch im alten Babylon und in der griechischen Mythologie.

Die Sonne wurde dort zum göttlichen Wesen, das man besang und anbetete. Einerseits erfuhr man ihr Licht und ihre lebenspendende Wärme als göttliches Geschenk. Andererseits glaubte man an ihre strafende Macht. So war man überzeugt, dass ihre Strahlen Krankheiten bringen können oder einen Brand verursachen. Das Bild der Sonne war von großer Ehrfurcht, aber auch von Angst bestimmt.

Sonnenstrahlen - ein Gruß von Gott

Auch Jesus spricht über die Sonne. Doch für Ihn ist sie keine Göttin, sondern sie weist auf Gott den Schöpfer hin, der sie uns geschenkt hat. In der Bergpredigt formuliert er: „Gott macht keinen Unterschied, seine Liebe gilt allen Menschen, den Ungerechten wie den Gerechten. Das seht ihr daran, dass er seine Sonne aufgehen lässt genauso über die Bösen, wie über die Guten.“ (Matthäus 5,45).

Für Jesus wurde die Sonne also zu einem Hinweis auf Gott. Jeder Sonnenstrahl ist wie ein Gruß von Gott an den Menschen. Jeder Sonnenstahl macht uns deutlich. Du Mensch bist mir wichtig. An deinem Leben liegt mir. Die Sonnenstrahlen zeigen deshalb auch die Geduld und Großzügigkeit Gottes. Alle Menschen profitieren von ihr, die Fleißigen ebenso wie die Faulen, die Gottsucher genauso wie Menschen, die Gott ablehnen. Allen bringt Gott seine Wärme und Güte entgegen.

Wenn uns Glauben geschenkt ist, wird uns jeder Sonnenstrahl zum Liebeszeichen Gottes. Mit jedem Sonnenstrahl fühle ich mich in der Wärme Gottes geborgen. Jeder Sonnenstrahl bringt die Botschaft Gottes mit: Du Mensch bist mir wertvoll, ich schenke dir genug Wärme, genug Geborgenheit zum Leben.

Die Sonne zeigt die Größe Gottes

In einem Märchen wird erzählt, dass ein alter König unbedingt vor seinem Tod, Gott sehen wollte. Keiner konnte ihm helfen. Schließlich kam ein alter Schäfer zu ihm. „Schaue in die Sonne“, forderte er. „Möchtest du, dass ich blind werde?“, konterte der König. „Schaue nur eine Sekunde in die Sonne, wiederholte der Schäfer." „Ich kann es beim besten Willen nicht", gab der König zur Antwort. „Und du möchtest Gott sehen, der doch abertausend Mal heller ist als die Sonne, die er geschaffen hat?", gab der Hirte zu bedenken.

Uns ist die wahre Größe Gottes oft nicht bewusst. Es ist uns sympathisch mit Gott menschlich umzugehen. Wir schätzen es, ihn Freund, Vater oder Bruder zu nennen. Unser Umgang mit ihm ist so, als ob wir mit ihm verhandeln oder spielen könnten. Jesus Christus hat uns diese Nähe Gottes eindrücklich vorgelebt. Doch wenn wir die Größe der Sonne wahrnehmen, wenn wir etwas vom Weltall ahnen, in der diese Sonne nur ein kleiner Funke ist, dann dürfen wir mit dem Verfasser von Psalm 8,5 ausrufen: „Was ist der Mensch, dass du seiner gedenkst, Herr, und das Menschenkind, dass du dich seiner annimmst?"

Wie leichtfertig gehen wir mit kleinen Insekten um. Sie sind winzig und deshalb schnell für uns wertlos. Wir fühlen uns ihnen überlegen; und vor allem wenn sie uns ärgern, machen wir mit ihnen „kurzen Prozess". Für Gott sind wir im Größenverhältnis wahrscheinlich weniger als eine Ameise oder eine kleine Fliege. Trotzdem achtet er uns als sein großartiges Geschöpf und schenkt uns seine ganze Liebe.

Doch wir bilden uns ein, dass wir Gott das Wasser reichen könnten. Wir glauben, manches besser zu wissen als Gott. Ja, wir sitzen zu Gericht über Gott beurteilen und verurteilen sein Werk sowie seine Macht! Wie können wir uns so erhaben fühlen in unserer menschlichen Meinung? Wie können wir völlig gleichgültig leben, so als gäbe es Gott nicht? Die Sonne gibt uns eine kleine Ahnung davon, wie es wirklich um uns steht. „Was ist der Mensch, dass du seiner gedenkst, Herr, und das Menschenkind, dass du dich seiner annimmst?"

Wir werden sein wie die Sonne

Eines der eindrucksvollsten Glaubensbilder zur Sonne finden wir im Buch der Richter (5,31), also im frühen Alten Testament. Dort hören wir eine wundervolle Verheißung: „Die Gott lieben, werden sein wie die Sonne, die aufgeht in ihrer Pracht." Das ist ein Wort voller Hoffnung und Kraft. Es sagt uns, am Ende steht nicht etwa die Nacht mit der Kraft ihrer Dunkelheit. Am Ende stehen das Licht und die Klarheit. „Die Gott lieben werden sein wie die Sonne, die aufgeht in ihrer Pracht." Das heißt, eines Tages werden wir Gott von Angesicht zu Angesicht sehen. Wir werden dem Licht aller Lichter in die Augen sehen. Das Licht Gottes wird uns dann erfassen, und wir werden „sein wie die Sonne". Amen.

Mond (Psalm 8, 2-5)

Für viele Menschen ist der Mond vielleicht nur noch ein schwaches Nachtlicht, das durch die Straßenlaternen kaum mehr zu sehen ist. Auch sonst bietet er nur Sand und Steine. Er gilt als erforscht und entmythologisiert. Kein Grund, dort Gott den Schöpfer zu suchen? Gerne möchte ich unseren Blick zum guten alten Mond bewusst schärfen als Menschen, die an Gott den Schöpfer glauben.

Der Mond – Licht und Schatten

Wenn wir als Kinder den Mond gemalt haben, dann hatte er meist ein freundliches Gesicht. Denn für uns war er die gütige Gestalt, die nachts alles überblickt. Doch er gab uns als Kind auch manche Rätsel auf. Wir konnten nicht verstehen, dass er kein eigenes Licht hat, sondern nur das Sonnenlicht widerspiegelt. Aber gerade das wird zu einem Glaubensbild für uns Menschen: Wenn der Mond nicht im Sonnenlicht steht versinkt er in der Dunkelheit des Weltalls. Selbst mit einem Teleskop würde er dann kaum wahrgenommen. Er ist dann nur ein Schatten.

So wie der Mond auf das Sonnenlicht angewiesen ist, so sind wir auf Gott angewiesen. Nur durch eine Beziehung zu Gott bekommt unser Leben einen bleibenden Sinn. Nur im Licht Gottes gibt es für uns eine Hoffnung, die alle Dunkelheit des Lebens überwindet. Verlieren wir Gott aus den Augen, dann geht es uns wie dem Mond: Wir werden zu einem Staubkorn der Dunkelheit ohne bleibendes Licht, ohne letzte Hoffnung.

Mond romantisch und nah

Neben den Kindern spricht der Mond vor allem den romantischen Nachtmenschen an. Er scheint verliebte Menschen besonders zu inspirieren. Vielleicht kennen sie das kleinen Sehnsuchtsgedicht der Liebe von einem unbekannten Verfasser: „Guter Mond, du bist glücklicher als ich. Du kannst sie sehn – ich seh sie nicht. Doch einmal bin ich glücklicher als du. Dann hab ich sie – und du schaust zu.“

Auch sensible Menschen können dem Schein des Mondlichts manches abgewinnen. Besonders beeindruckend hat das Joseph Freiherr von Eichendorff in seinem Gedicht „Mondnacht“ getan. Es wurde vor ca. 150 Jahren in der Epoche der Romantik geschrieben: „Es war, als hätt der Himmel die Erde still geküsst, dass sie im Blütenschimmer von ihm nur träumen müsst. Die Luft ging durch die Felder, die Ähren wogten sacht, es rauschten leis die Wälder, so sternklar war die Nacht. Und meine Seele spannte weit ihre Flügel aus, flog durch die stillen Lande, als flöge sie nach Haus."

Der Mond, unser stiller Begleiter in der Nacht, spricht in uns tiefere Schichten an. Er wird für den gläubigen Menschen ein Bild für die Nähe Gottes und die höhere Wirklichkeit. Eichendorff spürt ein Stück Ewigkeit, ein Heimatgefühl durch den Mond. Der Himmel kommt ihm dadurch nah und schenkt ihm Geborgenheit. „Und meine Seele spannte weit ihre Flügel aus, flog durch die stillen Lande, als flöge sie nach Haus."

Wenn wir nachts im Dunkel bei klarem Himmel unterwegs sind, haben wir den Eindruck: Der Mond geht überall mit. Er scheint uns auf Schritt und Tritt zu folgen. Er weicht keinen Zentimeter von unseren Fersen. So stelle ich mir auch die Führung Gottes vor. Gott bleibt mir treu. Er ist bei mir, auch wenn ich nichts fühle und nur Dunkelheit sehe. Wie das Mondlicht, so umgibt auch er mich von allen Seiten. So wird mir der Mond zur Glaubenshilfe: „Von allen Seiten umgibst du mich und hältst deine Hand über mir." (Psalm 139,5).

Der Mond ist klein und sandig

Der moderne Mensch sieht nun den Mond gerne mit den Augen der Wissenschaft. Vor 45 Jahren wurde er zum ersten Mal von uns Menschen betreten. Was man dort oben fand war recht ernüchternd. Es gibt dort absolut kein Wasser und kein Leben. Nur Sand, Staub, Steine und Felswüsten. Aus Sicht der Wissenschaft ist er ein wertloser Planet.

Und aus dem Blickpunkt der Sonne ist er lediglich ein Staubkorn, denn sie könnte 70 Millionen solcher Monde schlucken. Selbst unsere kleine Erde ist vom Volumen her 50 Mal größer als der Mond. Aus dieser Perspektive scheint es so, als sei der Mond nur noch etwas für naive Herzen und Gemüter.

Können wir deshalb heute nicht mehr über den Mond staunen und wie der Beter von Psalm 8: „Herr, unser Herrscher wie herrlich ist dein Name. Der du deine Hoheit zeigst am Himmel. Wenn ich sehe deiner Hände Werk, den Mond und die Sterne?"

Auch wenn uns der Mond im gewaltigen Universum wie ein kleines Staubkorn anmutet, so hat ihm doch Gott seinen Platz zugewiesen und ihm seinen Sinn gegeben. Er ist, so wie ich, ein einmaliges und unverwechselbares Geschöpf Gottes. Wenn ich mich gering und wertlos fühle, dann darf ich zum Mond schauen und sagen: „Bei dir, Gott, ist auch das Kleine und Geringe wichtig. Du schaust hinab in meine Tiefe, du richtest die Geringen auf aus ihrem Staub, du erhöhst die Armen aus ihrem Schmutz." (Psalm 113,7). Wenn ich mich mit anderen Menschen vergleiche und sie mir stärker und fähiger vorkommen, dann denke ich an den Mond und sage mir: Es kommt auf die Perspektive an."

Aus der Sicht der Sonne ist der Mond zwar nur ein winziges Nichts, doch aus der Sicht des Menschen ist er dennoch beeindruckend groß. Immerhin hat er einen Umfang von über 10.000 km. Wenn wir ihn mit einem Fahrzeug umrunden wollten, wäre das eine gigantische Aufgabe. Es kommt also immer auf die Perspektive an. Was uns gering erscheint, ist in Gottes Augen groß und wichtig. Der Mond ist uns also ein Bild, dass Gott nichts zu klein und nichts zu groß ist, und dass auch mein kleines Schicksal in seiner Hand liegt und ihm einzigartig wichtig ist.

Als Christen dürfen wir das also mit anderen Augen sehen. Durch unseren Glauben an Gott wird uns Kleines, Unscheinbares und Selbstverständliches groß und wertvoll. Alles was wir sehen bekommt eine Beziehung zum Herrn unseres Lebens.

Mond und Mensch

Mond und Mensch hängen wohl intensiver zusammen als das allgemein bekannt und erforscht ist. Der Mond ist nicht nur einfach ein Nachtlicht. Er ist auch nicht einfach nur ein Satellit und Trabant der Erde. Er hat vielmehr wichtige Funktionen für die Erde und wohl auch für den Menschen.

So bestimmt er Ebbe und Flut unserer Meere. Auch die Einteilung der Monate geschah in Abhängigkeit vom Mond. Der frühere Mensch hat viel stärker mit dem Mond gelebt sowie auch die Kräfte des Mondes gespürt und dadurch sein Leben ausgerichtet. Diese alten Weisheiten wurden in den letzten Jahren wiederentdeckt und viele Menschen beschäftigen sich damit. So werden Mondkalender angeboten und alte Erfahrungen wieder publiziert.

Es gibt Menschen, die spüren diese Kräfte massiver – denken wir an die Mondsüchtigen oder an Menschen, die bei Vollmond eine besondere Energie spüren. Andere können diesen Mondkräften nichts abgewinnen und belächeln diese alten Mondregeln. So sagt man z.B., dass eine Hochzeit oder ein Umzug bei zunehmendem Mond erfolgen sollte, Schmerzen dagegen sollte man besser bei abnehmendem Mond bekämpfen. Ich denke, wir dürfen uns mit diesen Kräften des Mondes beschäftigen, schließlich ist das ein Teil der Schöpfung Gottes. Schwierig wird es nur, wenn wir den Mond mit seiner Energie durch Aberglauben besetzen und uns davor fürchten.

Als Christen haben wir einen befreiten Blick zum Mond. Unsere Freude an seinem Schein ist ungetrübt. Uns belastet weder der Vollmond noch der Neumond. Wir erfahren den zunehmenden Mond ebenso als ein Geschenk und als ein Naturwunder wie den abnehmenden Mond. Ja der Mond gibt uns Grund über die Größe Gottes zu staunen.

„Der Mond ist aufgegangen"

Ein Vorbild in diesem geistlichen Sehen unserer Welt war uns Matthias Claudius, der uns vor über 200 Jahren das bekannte christliche Mondlied geschenkt hat: „Der Mond ist aufgegangen, die goldnen Sternlein prangen am Himmel hell und klar." (EG 482). Auch für ihn wird der Mond ein Bild für unsere Leben. So wie der Mond nur halb zu sehen ist, so sind wir auch in unserer Erkenntnis begrenzt und erkennen immer nur einen kleinen Ausschnitt unserer Wirklichkeit. Vielleicht ist Ihnen nun durch diese Gedanken der „Mond neu aufgegangen." Amen.

Gebet: „Herr, unser Gott, wie oft übersehen wir deine kleinen Wunder vor unseren Augen. Wie oft sehen wir auf etwas herab, das doch wertvoll und wichtig bei dir ist. So bitten wir dich heute für Menschen, die unter Minderwertigkeit leiden und nicht die Anerkennung finden, die ihnen zusteht. Lass sie glauben und erkennen, dass jeder Mensch in deinen Augen einzigartig und unendlich wertvoll ist. Wir bitten für die Menschen, die sich verlassen fühlen und von dunklen Gedanken begleitet werden. Hilf, dass sie dich als das Licht ihrer Nächte finden, das niemals von ihnen weicht. Wir danken dir für den Mond, seine Kräfte und all die wunderbaren kleinen Wunder unserer Welt, die wir so leicht übersehen. Amen."

Sterne

Uns modernen Menschen ist der Blick zu den Sternen in doppelter Weise verstellt. Wir müssen schon hinaus aufs freie Feld gehen um die Vielfalt der Sternenwelt wahrzunehmen. Unsere Wohngebiete sind so reichlich mit künstlichen Lichtern ausgeleuchtet, dass wir nur noch mit Mühe die Sterne erkennen können. Noch stärker sind die Sterne von der Astrologie vereinnahmt. Das geht hinein bis in unsere Sprache: Woran denken Sie zuerst, wenn Sie „Sterne" hören? Zunächst kommen uns da Begriffe wie „Sternzeichen", „Sternenkonstellation", „Sternschnuppe" oder „Ich stehe unter einem glücklichen Stern" in den Sinn. Das Horoskop wird fast von jedem 2. Mitbürger gelesen, und mindestens jeder 10. Deutsche lebt in Beziehung mit den Sternen.

Ich möchte mich jetzt nicht näher zur Astrologie äußern. Vielmehr möchte ich Sie dafür gewinnen, den Sternenhimmel mit ungetrübten Augen zu betrachten. Sterne sind mehr als die beliebige Zuordnung von Sternbildern. Der Blick zu den Sternen soll uns nicht mit Ängsten erfüllen, sondern zum Staunen bringen. Sterne helfen uns, dass unser Bild von Gott größer und eindrucksvoller wird.

Zähle die Sterne

Abraham wurde von Gott aufgefordert: „Sieh hinauf in den Himmel und zähle die Sterne! Kannst du sie zählen?“ (1. Mose 15,5). Bis heute sieht sich der Mensch trotz aller technischen Errungenschaften letztlich außer Stande, alle Sterne zu zählen. Bei klarem Himmel können wir mit bloßem Auge etwa 2.000 – 3.000 Sterne wahrnehmen. Galileo Galilei konnte vor über vierhundert Jahren mit seinem selbstgebauten Fernrohr bereits rund 30.000 Sterne sehen. Mitte des 19. Jahrhunderts war es möglich, ca. 300.000 Sterne sicher zu erkennen. Heutzutage gehen Astronomen von einer statistischen Schätzung aus, die bei einer Zahl von 10 hoch 25 liegt, also einer Zahl mit 25 Stellen. Diese Zahl erscheint utopisch. Ich nenne ein Rechenbeispiel: Wenn alle Menschen die zur Zeit auf unserem Planeten leben, ihr ganzes Leben lang Tag und Nacht Sterne zählen würden, müssten sie 7 Millionen Jahre alt werden um die bisher entdeckten Sterne zählen zu können. Psalm 147 besingt Gott mit den Worten: „Lobet den Herren. Er zählt die Sterne und nennt sie alle mit Namen. Unser Herr ist groß und von großer Kraft, und unbegreiflich ist, wie er regiert.“

Matthias Claudius und die Sterne

Matthias Claudius schaute vor über 200 Jahren mit einem glaubenden Herzen zu den Sternen. Seine kindliche Sicht hat er in einem kleinen Gedicht verewigt. Er nennt es „Die Sternenseherin Lise“: „Ich sehe oft um Mitternacht, wenn ich mein Werk getan und niemand mehr im Hause wacht die Stern‘ am Himmel an. Sie gehen da, hin und her zerstreut als Lämmer auf der Flur, in Rudeln auch und aufgereiht wie Perlen an der Schnur. Und funkeln alle weit und breit und leuchten rein und schön. Ich seh‘ die große Herrlichkeit und kann mich nicht satt seh’n. Dann saget unterm Sternenzelt mein Herz mir in die Brust: Es gibt was Besseres in der Welt als all ihr Schmerz und Lust. Ich werf‘ mich auf mein Lager hin und liege lange wach. Und suche es in meinem Sinn und sehne mich danach."

Matthias Claudius gibt uns ein Beispiel, wie wir über die Sterne etwas näher zu Gott kommen. Wir dürfen staunen und etwas von der faszinierenden Größe Gottes ahnen. Wir dürfen uns freuen, einmal bei diesem großartigen und unvorstellbaren Gott zu sein. Das Sternenzelt ist wie ein Blick durch das Schlüsselloch der Welt Gottes. Sie bringt uns zum Staunen und macht uns dankbar.

Wenn die Nacht am dunkelsten ...

Ein alter Weisheitsspruch sagt: „Wenn die Nacht am dunkelsten ist, leuchten die Sterne am klarsten." Diesen Sternenweg durch die Dunkelheit ist Gott oft mit seinen Gläubigen gegangen, vielleicht auch mit uns. Ich nenne einige Beispiele aus der Bibel.

Als der alttestamentliche Patriarch **Abraham** in Verzweiflung und Dunkelheit nicht mehr weiter wusste, weil er alt geworden war und von keinem Nachfolger wusste, da zeigte ihm Gott die Sterne und sagte: „So viele Nachkommen werde ich dir schenken." (1. Mose 15,5) Heute berufen sich drei große Weltreligionen mit vielen Millionen von Menschen auf den Stammvater Abraham.

Als das **Volk Israel** am Abgrund stand, sein Land zerstört war und es in Gefangenschaft und Verbannung lebte, da wurde ihm mit dem Propheten Jesaja ein Hoffnungsträger geschenkt, dessen Worte bis heute leuchten. Gerne hören wir seine Worte am Heiligen Abend: „Das Volk, das im Finstern wandelt, sieht ein großes Licht. Und über denen, die da wohnen im finsteren Lande scheint es hell." (Jesaja 9,1)

Als fast niemand mehr an diese guten Verheißungen glaubte, die im Alten Testament der Bibel zu lesen sind, da sahen die **drei Weisen den Stern von Bethlehem**. Völlig abseits vom Weltgeschehen schenkte Gott mit Jesus Christus ein Hoffnungslicht, das die kühnsten menschlichen Hoffnungen überstrahlt, das die Menschheit aus dem Abgrund des Weltalls heraushebt und in die Mitte des Universums stellt.

Jesus Christus wird der Morgenstern der Menschheitsgeschichte. Der Morgenstern, der Planet Venus, ist für unsere Augen der hellste Stern des Nachthimmels. In der Abenddämmerung taucht er zuerst auf und bei Sonnenaufgang verblasst er zuletzt. Als der helle Stern überstrahlt er die anderen. Er wird ein Bild für unseren Glauben. So wie der Morgenstern keine Sekunde unserer Dunkelheit versäumt, so möchte uns Jesus begleiten durch alle Abende und Nächte unseres Lebens. Er ist für uns Hoffnung, die nie verlöscht.

„Stern auf den ich schaue"

In unserem neuen evangelischen Gesangbuch wurde das Lied von Cornelius Krummacher, das er 1857 gedichtet hat, neu aufgenommen (EG 407). Er besingt Christus als den Stern seines Lebens: „Stern auf den ich schaue. Fels, auf dem ich steh, Führer, dem ich traue, Stab, an dem ich geh, Brot, von dem ich lebe, Quell, an dem ich ruh, Ziel, das ich erstrebe, alles, Herr, bist du! Ohne dich, wo käme Kraft und Mut mir her? Ohne dich, wer nähme meine Bürde, wer? Ohne dich, zerstieben würde mir im Nu Glauben, Hoffen, Lieben, alles, Herr, bist du!"

Jesus Christus, der Stern unserer Tage und Nächte, ist ein Bild für unseren Christusglauben. Wenn wir im Taglicht des Lebens stehen, wenn es uns gut geht – dann lebt unser Glaube stärker im Verborgenen – genauso wie die Sterne, die ja auch am Tage leuchten, aber durch das helle Licht der Sonne verborgen bleiben.

Doch je stärker uns die Nacht plagt, je mehr wir dunkle Wege gehen müssen – desto klarer und fester wird unser Christusglauben. Hier möchte ich noch einmal an den vorhin zitierten Weisheitsspruch erinnern: „Wenn die Nacht am dunkelsten ist, leuchten die Sterne am klarsten." Die Kraft und Wahrheit unseres christlichen Glaubens lernen wir eben in der Regel erst in den Nächten unseres Lebens kennen.

So wird uns der Sternenhimmel einerseits zu einem Wunder der Größe Gottes, die uns staunen und loben lässt – andererseits aber auch zu einem Hoffnungsbild, das uns aufrichtet und neue Zuversicht schenkt: „Und wenn meine Nächte noch so dunkel und finster sind, leuchten mir die Sterne doch umso klarer." Amen.

2. Von den Jahreszeiten
Frühling, Sommer, Herbst und Winter

Frühling

Im Verlauf unseres Lebens werden uns viele Frühlingserfahrungen geschenkt: Die Kindheit und Jugendzeit sehen wir als den Frühling des Lebens. Mit jedem Kind beginnt ein neuer Frühling in der Menschheitsgeschichte. Es blüht etwas Hoffnungsvolles auf, das Zukunft hat. In der Zeit des Verliebt seins erfährt der junge Erwachsene Frühlingsgefühle, die viele gute und kreative Kräfte freisetzen können. Das Elternwerden oder auch Großelternwerden ist auch wie ein Frühlingsaufbruch, wo Neues ins Leben kommt. Wir sehen die Welt mit neuen Augen. Wir sprechen von Wundern, die uns faszinieren. Jeder Urlaub, jeder Neuanfang, jeder Umzug, jeder Einschnitt kann wie ein Frühlingserlebnis werden. Wir erfahren neue Möglichkeiten und spüren neue Kräfte. So hält das Leben in allen Phasen kleine und größere Frühlingserlebnisse bereit, die uns helfen, trotz mancher Wintererfahrungen das Leben zu lieben.

Das Christentum – die Frühlingsreligion

Für mich ist das Christentum eine Frühlingsreligion. Ich behaupte, dass in keiner Religion so viel Frühlingshoffnung steckt wie im Christentum. Wenn ich die großen Weltreligionen den Jahreszeiten zuordnen sollte, dann sehe ich im **Islam** den Herbst. Der Islam ist die kämpferische Religion. Er ringt um die eigene Gerechtigkeit. Er fordert viele Opfer. Der Islam ist zu vergleichen mit den rauen Herbstwinden – also die Herbstreligion. **Buddhismus und den Hinduismus** stehen dem Winter nahe. Buddha formulierte „Leben ist Leiden". Der Buddhismus ergibt sich dem Leiden. Sein Ziel ist es, in die Weltseele, in das Nirwana, einzugehen und dort Ruhe zu finden. Ich denke da an die Ruhe einer weiten Winterlandschaft – also die Winterreligion. Beim **Judentum** denke ich an den Sommer. Nicht nur weil dort die Sonne länger scheint als in Europa. Diese Religion ist besonders mit Sonne, Licht und Weisheit beschenkt worden. Die Zehn Gebote stellen solch ein Sonnenlicht dar, das bis heute die Menschheit erhellt. Die große Hoffnung der Juden ist der Messias, der allen Völkern der Welt das Licht bringen soll.

Das **Christentum** aber ist für mich die Frühlingsreligion. Ich behaupte, dass in keiner Religion so viel Frühlingshoffnung steckt wie im Christentum. Nicht umsonst hat man für die Osterzeit den Frühling gewählt. Ostern, das ist die Hoffnungsnachricht schlechthin: „Der Gekreuzigte lebt. Leid und Tod haben nicht das letzte Wort. Er lebt und hat alle Dunkelheit des Lebens überwunden!" Wir Christen glauben: Wenn Gott mit Jesus Christus den dunkelsten Punkt der menschlichen Existenz überwunden hat, dann gibt es keine Nacht mehr, die ohne Hoffnung bleibt. Dann ist die Hoffnung letztendlich immer stärker als alle Hoffnungslosigkeit. Dann ist unser Leben Hoffnung schlechthin!

Frühlingsluft des Glaubens atmen!

Eigentlich ist jede kleinste Begegnung mit Gott ein Frühlingserlebnis. Gott ist die schöpferische Kraft schlechthin. Jede Erfahrung mit Gott bedeutet deshalb: neue Kraft, neue Gedanken, neuer Auftrieb, neue Liebe, neue Möglichkeiten in meinem Leben. Jedes aufrichtige Gebet ist im Grunde ein Suchen nach der Frühlingskraft Gottes, die Wärme bringt in meine Kälte, die Festgefahrenes aufspringen lässt. Eine lebendige Beziehung zu Gott haben, bedeutet, Zugang zur ewigen Frühlingskraft Gottes finden. Die Kraft der christlichen Hoffnung, die geistliche Kraft des Frühlings, kommt von ihm, vom Herrn, der zu uns gesagt hat: „Siehe ich mache alles neu." (Offenbarung 21,5).

Mit Frühlingsaugen sehen

Der Frühling fängt ganz klein an und zwar mitten im Winter. Viele winzig kleine Knospen zeigen im tiefsten Winter an, dass es nicht so bleiben wird. Auch mitten im Frühling, in dem die Knospen prall geworden sind, sich jeden Tag öffnen können, müssen wir genau hinschauen. Wie viele Menschen nehmen nichts vom herankommenden Frühling wahr. Es gibt so viele Dinge des Lebens, die uns diese Sicht verstellen. Es gibt so viele Scheuklappen, die unseren Horizont einengen. Wir brauchen weit geöffnete Augen, um den Frühling zu entdecken.

Unsere christliche Hoffnung möchte uns helfen, unsere Mitmenschen mit Frühlingsaugen Gottes zu sehen. Solche Augen sehen nicht vorrangig die Schattenseiten von Menschen. Sie sehen nicht zuerst das Verfahrene und Missglückte einer Situation, sondern nehmen das Brauch-bare und Mut machende wahr. Wie ganz anders sieht doch jetzt unsere noch trostlose Natur aus, wenn wir sie mit Frühlingsaugen sehen!

Frühling: Brich auf! Tue den ersten Schritt!

Es wird nur deshalb Frühling, weil die Blumen und Knospen den Ruf des Lichtes und der Wärme wahrnehmen. Sobald sie genügend davon er-halten, gehorchen sie diesen Zeichen und öffnen sich. Jede Pflanze hat ihre ureigene Uhr, die ihr das Signal zum Aufbruch gibt.

Es würde wohl niemals Frühling, wenn eine Knospe zur andern spräche: „Erst wenn du dich geöffnet hast, folge ich dir". Keine Knospe würde den Anfang machen. Doch wir Menschen warten immer darauf, dass der andere den ersten Schritt macht. Erst wenn einer vorangeht werden wir auch bereit. So verharren wir im Weltenwinter und stöhnen, weil unsere Welt so farblos bleibt. Der Frühling lädt uns ein: Werde bereit, den ersten Schritt zu tun. Warte nicht, sondern öffne dich, wenn deine innere Stimme spricht. Amen.

Sommergarten

Der Garten ist für uns Menschen wichtig. Irgendwie fungiert er als einer der wichtigen Quellen unseres Lebens. Gärten gibt es deshalb wohl schon so lange wie Menschen existieren. Am Anfang der Menschheitsgeschichte stand nach der Bibel das Paradies, der Garten Gottes. Überall, wo sich der Mensch angesiedelt hat, schuf er Gärten und Parkanlagen. Was wäre das schönste Haus, ohne eine es umgebende Gartenanlage? Pflanzen und Bäume geben unseren Gebäuden erst einen attraktiven Rahmen.

Im Garten ist das Herz nah

Ein chinesisches Sprichwort sagt treffend: „Ein Herz, das ‚fern' ist, schafft Wildnis um sich, ein Herz, das ‚nah' ist, schafft sich einen Garten." Im Garten können wir aufleben und unser Herz öffnen. Wir können dort eine Einheit und Harmonie erfahren, die uns sonst nicht so leicht zufällt. Im Garten sind unserer Fantasie, unserem Schöpfungssinn keine Grenzen gesetzt. Hier können wir uns entfalten. Hier werden Gärtner und Künstler geboren. Und die Natur beschenkt uns mit Farben und Formen, die wir nie selbst denken oder gar erschaffen könnten. Gärten werden zu Spiegelbildern unserer Seele und unserer Träume. Dort erleben wir eine Harmonie und einen Frieden, den wir sonst oft so schmerzlich vermissen. „Ein Herz, das ‚fern' ist, schafft Wildnis um sich, ein Herz, das ‚nah' ist, schafft sich einen Garten."

Im Garten ist uns Gott nah

Gärten und Parks öffnen nicht nur Herz und Seele, auch das Fenster zur Welt Gottes wird aufgestoßen. Viele Menschen erfahren die Nähe Gottes durch das Wunder des Gartens, durch die Pracht der Natur. So erzählt die Bibel auf den ersten Seiten vom Garten Eden, den Gott für Adam und Eva angelegt hat. Es wird uns ein Garten beschrieben, der kaum einen Wunsch offen lässt. Der Mensch findet alles, was er zum Leben braucht: viele verschiedene Bäume, die Früchte und Schatten spenden, eine bunte Tierwelt und vor allem eine Vielfalt an Wasser. Ist uns bewusst, dass es im Garten Eden vier Quellflüsse gab? Doch der absolute Höhepunkt lag darin, dass Gott selbst am Abend in den Garten kam, um mit den Menschen zu sprechen und ganz nah bei ihnen zu sein. Der Garten Eden ist also ein Inbegriff der heilen und unversehrten Welt. Mensch, Tier und Pflanzen bilden eine harmonische Einheit und Gott, der Herr, steht absolut in der Mitte als Geber, Ratgeber und täglicher Gesprächspartner.

Der Garten und die letzten Dinge

Doch der Garten spielt auch an anderen Stellen der Bibel eine tragende Rolle. Wichtig wird er in der Leidens- und Auferstehungsgeschichte von Jesus Christus. Am Abend vor seiner Kreuzigung suchte Jesus Zuflucht in einem Garten. Er hat den schönen Namen „Gethsemane", das heißt „Ölkelter" oder „Olivenhain". Dort im Garten suchte er in der Nacht den Vater im Himmel, den Schöpfer und Herrn der Welt. Er betete in einer Intensivität wir nie zuvor. Und er formulierte diese ewigen Worte: „Nicht mein Wille, sondern dein Wille geschehe!" (Lukas 22,42). In dieser Nacht wird er von einem Engel gestärkt. Engel und Gärten sind sich auch irgendwie verwandt.

Auch die Auferstehung Jesu geschah in einem Garten. Sein Grab lag in der Parkanlage des Ratsherren Josef, der aus Arimathia stammte. Im Garten holte ihn der Vater im Himmel aus dem Reich der Toten. Dort ist er auferstanden und der Maria erschienen. Sie verwechselte ihn mit dem Gärtner. Die biblische Weltgeschichte begann in einem Garten und auch die christliche Auferstehungsgeschichte geschah in einem Garten.

Der Garten wird uns also zum Fenster Gottes. Nicht nur Gott offenbart sich im Garten, sondern auch wir finden dort leichter Zugang zur Welt Gottes. Der Garten hilft uns, Gott zu suchen, ihm zu danken, ja überhaupt an ihn zu glauben. Wohl wird es auch ein himmlischer Garten sein, der eines schönen Tages auf uns wartet. In einem Garten werden wir vielleicht Gott mit eigenen Augen wahrnehmen dürfen. Im letzten Buch der Bibel, in der Offenbarung, klingt etwas von diesem höheren Garten an, der sich in der Stadt Gottes befindet: „Dort werden Bäume des Lebens stehen, die zwölf Mal Frucht tragen und deren Blätter zur Heilung der Völker dienen." (Offenbarung 22,2) Amen.

Herbst

Im Herbst liegen die schweren Tage: Buß- und Bettag, Volkstrauertag, Ewigkeitssonntag. So ist der Herbst auch bestimmt vom Ernst der Vergänglichkeit. Doch es gibt auch die schönen Bilder des Herbstes. Denken wir an die Faszination des Drachensteigens, an die Einzigartigkeit des Blätterfärbens und vor allem an die vielen Erlebnisse, die mit der Ernte zu tun haben.

Gott der große Farbenkünstler

Der Monat Oktober bringt mich neu zum Staunen über die Schönheit des Herbstes. Die Pflanzen färben sich rot, gelb, braun, golden aber in einer Vielfalt und Buntheit, dass ich nur verwundert bin. Das Bestechende aber liegt darin, dass diese Farben wunderbar harmonieren. Sie passen zusammen, so als hätte sie ein Farbenkünstler sorgfältig zusammengestellt. Wenn ich manche neumodischen Häuser sehe, wie da Farben gemischt und kombiniert werden und man das Gefühl hat: das ist aber gewöhnungsbedürftig. Ganz anders in der Natur. Da stehen viele Bäume nebeneinander, jeder in einem anderen Farbton. Doch es passt. Es tut den Augen gut, und die Seele freut sich. Dieses Staunen über den Farbenkünstler lässt das Lied von Carl Boberg (1859-1940) in mir erklingen: „Du großer Gott, wenn ich die Welt betrachte, die du geschaffen durch dein Allmachtswort, wenn ich auf alle jene Wesen achte, die Du regierst und nährest fort und fort, dann jauchzt mein Herz dir großer Herrscher zu, wie groß bist du, wie groß bist du!“

Wir staunen im Frühling über die aufstrebende Natur, doch ist es nicht noch beeindruckender, dass Gott auch in ihrem Vergehen, Zurückgehen und Sterben eine beruhigende Schönheit schenkt? Diese Schönheit entdecke ich auch bei manchen betagten Menschen. Es ist keine jugendliche Schönheit, aber so etwas wie die Schönheit der Reife, eine getragene Schönheit, die gut tut.

Nebelschleier der Güte

Mit dem Herbst zieht der Nebel am Morgen und auch oft am Abend auf. Er verklärt die Welt. Sie bekommt einen Schleier, ja einen Zauber. Die Welt verändert ihr Gesicht. Wir sehen sie mit neuen Augen. Die Härte und die durchdringende Klarheit schwinden durch den Nebelschleier. So wünsche ich mir auch, dass mich meine Mitmenschen anblicken. Nicht mit den scharfen Augen, dem kritischen Blick, sondern mit dem Schleier der Güte, des Verständnisses und der Vergebung. Das unterstreicht auch Jesaja 44,22: „Der Herr sagt zu mir: Ich habe deine Übertretungen weg-gewischt wie eine Wolke und deine Sünden wie einen Nebel. Kehre zurück zu mir; denn ich werde dich erlösen!“

Platz für neue Knospen

Die Blätter fallen, der Baum wird licht, die Äste treten deutlicher zu Tage. Dieses Blätterfallen kann uns mit Wehmut erfüllen. Wir denken an Abschied. Wir verlieren etwas, mit dem wir vorher eng verbunden waren. Wir beobachten, dass manche Blätter und auch manche Früchte sich tapfer halten. Sie trotzen dem Wind, dem Sturm und manches Mal sogar dem Frost. Uns geht es auch manches Mal so, dass wir uns nur schwer trennen können von den Dingen, mit denen wir lange verbunden waren. Auch wenn es alte Zöpfe sind, wir schneiden sie nur mit schweren Herzen ab.

Auch in unserem Leben machen wir die Herbsterfahrung, dass die Blätter fallen und auch die Früchte. So ruft uns der Herbst zu: „Alles was abfällt, ist gut! Hindert nicht die fallenden Blätter und Früchte, denn alles, was von uns abfallen darf, macht uns frei. Alles, was von uns abfallen darf, hat seinen guten Platz."

Doch das fällt uns schwer. Wir wollen in der Regel festhalten und haben Angst vor dem Neuen. Die Bäume geben uns im Herbst ein Zeichen. Sie lassen die alten Blätter los und wenn wir genau hinschauen, zeigen sich schon die neuen Knospen. Diese sind zwar winzig klein, doch das Neue ist vorbereitet. Auch wir können bei uns diese kleinen Knospen des Neuen entdecken, wenn wir frei werden, Altes und Gereiftes los zu lassen. Amen.

Winter

Kälte, Frieren und Eis – das sind ein Kennzeichen des Winters. Wenn ich nun dieses Bild der Kälte übertrage, fällt mir zunächst das menschliche Herz ein. Wenn ich nicht oder nicht mehr glauben kann, wird mein Herz kalt, vielleicht sogar eisig für Gott. Damit möchte ich nicht ausdrücken, dass Menschen, die nicht glauben, schlechter sind. Manches Mal sind das besonders engagierte und liebenswerte Mitmenschen. Nur wenn es um Gott geht, spürt man Kälte und Ablehnung. Das kann auch damit zusammenhängen, dass sie mit dem Glauben schlechte Erfahrungen gemacht haben. Vielleicht haben Menschen versucht, Ihnen den Glauben aufzuzwingen. Doch sie haben nur das Gegenteil erreicht. In der Regel leiden wir, wenn unser Herz kalt und eisig für Gott ist und wir keine liebende Beziehung zu ihm finden. Menschen, die nie die Wärme Gottes erfahren, können leichter verbittert werden.

Zeiten des kalten Herzens kennt jeder von uns. Wir erleben immer wieder Zweifel und Gottesferne. So wie nach dem Sommer der Winter kommt, so wechseln Tage der Wärme für Gott mit Tagen der Kälte gegen Gott. Unser Herz kann nicht beständig für Gott brennen. Es gibt sommerliche und auch winterliche Zeiten mit Gott. Die Bibel macht uns aber deutlich, dass Gott uns Menschen nicht gerne in der Kälte stehen lässt. Er möchte immer wieder eine Beziehung zu uns aufbauen.

Das kalte Herz ist menschlich. Doch Gott möchte die Sonne unseres Lebens werden, der unser Eis schmelzen lässt und mit uns eine lebendige Beziehung aufbaut. Ein richtiger Eisberg kann nicht von heute auf morgen schmelzen. Eis kann der Sonne lange standhalten. So braucht ein Mensch, der Glauben sucht, Geduld. Ein eisiges Herz braucht Zeit. Manches Mal braucht die Liebe Gottes viele Jahre oder Jahrzehnte, bis sie ein Herz erwärmt, und ein Mensch anfängt zu glauben oder nach vielen Zweifeln wieder die Wärme Gottes zu spüren.

John Bunyan und die Wärme Gottes

John Bunyan lebte im 17. Jahrhundert. Er kam aus einfachen Verhält-nissen und lernte Kesselflicker. Mit Gott konnte er als Jugendlicher nicht viel anfangen. Sein Herz war kalt für Gott. Einmal rief ihm jemand zu: „Wenn du dich so weiter benimmst, verdirbst du die Jugend der ganzen Stadt." Er durchlebte schwierige Zeiten, die von großen Ängsten geprägt waren. Mehrmals saß er im Gefängnis.

Irgendwann begann er Gott zu suchen. Eines Tages hatte er einen besonderen Traum: „Er sah einige ihm bekannte gläubige Frauen auf der Sonnenseite eines Berges, während er in Kälte und Schnee fror. Zwischen ihnen war eine Mauer. Mit Mühe schlich er sich der Mauer entlang und suchte einen Durchgang. Nach langer Anstrengung fand er eine schmale Öffnung. Doch er kam nicht durch. Immer wieder versuchte er es, bis es ihm schließlich gelang. Nun war er überaus glücklich, endlich in der Sonne stehen zu dürfen."

John Bunyan suchte und fand die Wärme Gottes. Er wurde ein Mann mit einem glühenden Glauben. Bis heute ist er bekannt durch sein Buch „Die Pilgerreise". Dort schildert er den Weg des Menschen, der Gott sucht. Der Mensch muss aber durch die enge Pforte, sprich durch den Winter, um ihn zu finden.

Als Jesus einmal gefragt wurde, wie finden wir die Liebe Gottes für uns, da antwortete er: „Suchet mich, so werdet ihr mich finden." (Matthäus 7,8). Wie John Bunyan dürfen wir uns auf den Weg machen und Gott suchen. Unser kaltes Herz muss sich für die Wärme Gottes öffnen.

Die Kälte des Winters, ist ein Bild für das eisige Herz, das Gott nicht vertrauen kann. So wie der Winter Beharrlichkeit zeigt, so können wir als Menschen auch an unserem kalten Herz festhalten und uns dabei stark fühlen. Doch auch Gott wird nie aufhören, uns mit seiner Wärme zu gewinnen.

Alles wird schneeweiß

Es gibt Bilder des Winters, die faszinieren uns und bringen uns zum Träumen. Unser Herz schlägt höher, wenn wir einen richtig schönen Schneefall erleben. Ein Schneefall, der unsere Welt verändert und eine Zauberwelt schafft. Die schmutzige Herbstlandschaft wird dann zugedeckt. Die kahlen hässlichen Bäume sind blütenweiß geschminkt, der dunkle Wald wird zur Märchenwelt. Über Nacht kann der Schnee alles, alles verändern.

Dieses Bild, das etwas Schmutziges rein, etwas Altes neu wird, finden wir auch in der Bibel im Alten Testament beim Propheten Jesaja (1,8). „Wenn eure Sünde blutrot ist, so soll sie doch schneeweiß werden. Wenn sie dunkel und hart wie Scharlach ist, soll sie doch weich und weiß werden wie Wolle.“ Wie die Natur über Nacht der Landschaft ein neues Gesicht gibt, so kann Gott auch ein Leben verändern. Doch dazu braucht Gott unseren Glauben. Er möchte, dass wir uns ihm anvertrauen. Damit er uns verändern kann, braucht er unsere Hingabe. Er will uns helfen in unseren Zweifeln, Sorgen und Ängsten.

Ein Beispiel in der Bibel ist der König David. Er war sehr tief gefallen. Im Grunde hatte er gleich gegen eine ganze Reihe der Zehn Gebote verstoßen. Sie kennen die Geschichte mit Bathseba, der Frau des Uria. Er suchte sie, obwohl sie verheiratet war und ließ ihren Mann töten. Damit brach er das 5. und das 6. Gebot. Erst als der Prophet Samuel ihn massiv zur Rede stellte, sah er sein Fehlverhalten und wurde sehr traurig.

Er öffnete sich für Gott und bekannte jeder Verfehlung. Er betete den berühmten Psalm 51,9: „O Herr mache mich rein, wasche meine Seele, dass sie schneeweiß wird.“ So erlebte der König die Winterlandschaft Gottes in seinem Leben. Obwohl sein Leben voller Schmutz war, überdeckte und reinigte es Gott mit seiner barmherzigen Vergebung, so dass es schneeweiß wurde.

Eine herrliche Winterlandschaft kann uns so zur Einladung Gottes werden. Öffne dich vor Gott mit allen Sorgen und Ängsten. Bekenne ihm deine Verfehlungen, dein belastetes Gewissen, deinen Hass und deine Wut. Traue ihm zu, dass er dich beschenkt mit dem Wunder der Winterlandschaft.

Die Schneeflocke

Schneeflocken können uns unwahrscheinlich faszinieren. Sie stoßen ganz unterschiedliche Gefühle an. Das Gefühl der Freiheit, Leichtigkeit und auch Schönheit. Schneeflocken sind ein Gruß des Himmels. Sie kommen aus einer anderen Welt. Wenn wir sie betrachten, nehmen wir kleine Kunstwerke wahr. Jede Schneeflocke ist anders, aber jede ist einzigartig.

Schneeflocken sind aber auch ein Bild für Schwachheit und Vergänglichkeit. Wie schnell schmilzt die Schönheit der Schneeflocke auf einer warmen Hand dahin. Wie schnell wird ihre Schönheit zu Wasser, wenn der Boden noch zu warm ist. Damit eine Schneeflocke überlebt, braucht sie gute Voraussetzungen. Erst wenn die Kälte ihre Arbeit getan hat, erst wenn die dunklen Wolken prall gefüllt sind, kann die zarte Schneeflocke existieren und in der Gemeinschaft mit vielen tausend und abertausend Mitstreitern eine beeindruckende Winterlandschaft erschaffen.

Die Schneeflocke ist ein Bild für unseren Glauben. Auch er ist schwach und anfällig. In der Welt der Tatsachen und Fakten kann er nur schwer bestehen. Schnell wird er abgetan mit dem Satz: „Glauben heißt nichts wissen!" Wie schnell scheint er zu schmelzen und unbedeutend zu werden im Kampf der Realitäten des Alltags. Und doch kann er unserem Leben gerade das geben, was wir benötigen. Wenn Gott den Boden bereitet und Möglichkeiten schafft, dann kann ein Glaubenswort genau das sein, was hilft, was die Not lindert, was neues Licht auf unser Leben wirft.

Wie schön ist der Glaube, wenn viele mitmachen, wie z.B. im Gottesdienst. Wie Mut machend wirkt ein Lied, wenn viele Stimmen erklingen. So kann der Glaube zur Bewegung der Hoffnung werden, wenn sich viele einklinken. Die Winterlandschaft mit ihren vielen kleinen Schneeflocken wird uns zum Bild der Gemeinde Gottes und dem Geschenk des Glaubens. Amen.

3. Von der Landschaft
Berg und Tal, Flüsse und Steine

Berg (Psalm 121,1)

Es ist ein besonderes Gefühl, auf einem Gipfel zu stehen. Die Welt liegt uns zu Füßen. Es wird uns ein Weitblick und Überblick geschenkt, den wir sonst nicht kennen. Wir haben das Gefühl, groß zu sein, über den Dingen zu stehen. Blicken wir vom Berggipfel so wird alles klein, was vorher groß erschien. Mächtige Bauwerke sind nur noch Miniaturausgaben. Schiffe und Züge wirken wie kleine Spielzeuge. Menschen kommen uns vor wie Ameisen. Ja, alles, was uns vorher überragte, wird nun winzig klein. Alles, was wichtig und bedeutend war, wird nun relativ, ja erscheint gering.

Wenn wir auf einem Berg stehen, dann werden uns wohl ein Stück weit die Augen Gottes geschenkt. Denn Gott hat er wohl immer diesen Gipfelblick, diesen Überblick, diesen Weitblick.

Wie oft führen wir ein Scheu-Klappen-Dasein. Wir sehen nur unsere kleine Welt. Unser Horizont ist eingeschränkt. Wir sind völlig bestimmt von den vielen kleinen Dingen unseres Alltags. Und diese Dinge vereinnahmen und binden unsere Gedanken. Wenn uns Sorgen und Nöte umgeben, dann stehen sie wie ein mächtiger Berg vor uns. Und dieser Berg nimmt uns gefangen, und unsere Gedanken kreisen nur um diesen Berg der Sorgen und der Nöte.

Der Blick von einem hohen Berg, schenkt uns eine neue Perspektive. Wir können alles mit anderen Augen sehen. Die Dinge, die uns völlig bestimmt haben, werden neu zugeordnet. Was uns übermächtig erschien, wird überschaubar. Der Sänger Reinhard Mey hat es in seinen bekannten Lied „Über den Wolken" treffend zum Ausdruck gebracht: „... was uns groß und wichtig erschient, plötzlich nichtig und klein." Dort, wo wir nur eine Sackgasse sahen, werden nun Wege deutlich.

Wenn wir auf dem Berg stehen, dann werden uns wohl ein Stück weit die Augen Gottes geschenkt. Gott hat den Überblick. Er sieht Zusammenhänge, die wir nicht wahrnehmen. Er kann zuordnen, was wirklich groß und gewichtig ist und was im Grunde klein und unwichtig ist.

Wenn wir auf dem Berg stehen, dann fühlen wir uns Gott nahe und vielleicht können wir ihm neu vertrauen: Ja, er kennt meine Sorgenberge. Er kennt die Not, die vor mir steht. Er sieht meine Sackgassen, dort wo ich nicht weiterkomme und verzagen möchte. Er kennt das alles! Uns wird bewusst, dass er die andere Perspektive hat. Unser Sorgenberg ist vielleicht nur ein kleiner Berg unter den vielen anderen Hügeln und Bergen. Unsere Not ist vielleicht nur eine Not unter vielen anderen. Wenn wir das erkennen, dann können wir auch einstimmen in die Verse von Psalm 121: „Meine Hilfe kommt vom HERRN, der Himmel und Erde gemacht hat."

Gott sieht die kleinste Not. Er nimmt alles wahr, was uns bewegt. Ja, Jesus hat unterstrichen: Kein Haar fällt von eurem Kopf, ohne dass es der Vater im Himmel nicht sieht. (Matthäus 10,30) Gott sieht wirklich alles. Doch er hat einen anderen Blick als wir. Dort, wo er sofort eingreifen sollte, gebietet er uns Geduld. Dort, wo wir keine Eile sehen, da handelt er rasch. Gott hat einen anderen Blick für die Dinge. Er hat einen Gipfelblick. Er hat den höheren Blick. Er hat wirklich den totalen Überblick. Darauf dürfen wir uns verlassen.

Der Berggipfel schenkt uns also die Augen Gottes. Vom Berg erleben wir einen Perspektivenwechsel. Wir sehen mit anderen Augen. Wir werden befreit von festen und starren Sichtweisen. Die Bibel lädt uns ein, diesem höheren Blick Gottes zu vertrauen, und mit Psalm 121 zu glauben, dass „meine Hilfe vom Herrn kommt, der Himmel und Erde gemacht hat".

Berge der Bibel

Auch in der Bibel haben die Berge eine besondere Bedeutung. Ich möchte jetzt einige dieser Berge nennen und zeigen, wie sie Menschen und ihren Glauben beeinflusst haben.

Berg Ararat

Ararat ist der Berg der Arche Noah. Als das Wasser der Sintflut sank, fand die Arche auf dem Berg festes Land. Nach der langen angstvollen Fahrt durch diese schreckliche Flut, stand sie nun auf sicherem Land. Von dort stiegen die Menschen um Noah nach der Sintflut aus und dankten Gott, dass sie als einzige aus diesen mächtigen Wassermassen errettet wurden. So wurde dieser Berg Ararat zum Berg der Gnade und zum Berg des Neuanfangs für die Menschheit.

Wie oft erlebte unser Lebensschiff schwierige Stürme, und Gott schenkte uns den Berg der Gnade – den Berg Ararat. Wir fanden wieder festen Grund. Wir konnten wieder neu anfangen. Uns wurde eine neue Zukunft geschenkt. Das war der Berg Ararat, der Berg der Gnade und des Neuanfangs.

Berg Morija

Den Berg Morija musste Abraham mit seinem Sohn besteigen. Es war der Berg der Herausforderung und der Glaubensprüfung für Abraham. Er sollte dort seinen Sohn opfern. Vor Abraham stand Gott wie ein dunkler, übermächtiger und unerklärlicher Berg. Doch dann erlebte er den wirklichen Gott. Einen Gott, der nicht den Tod will, sondern das Leben. An diesem Berg der Prüfung ist Abraham gereift. Dort wurde er bis heute zum Vater des Glaubens.

Auch wir erleben in unserem Leben solche Berge der Herausforderung und Prüfung. Gott steht dann vor uns wie ein übermächtiger Berg, der uns Angst macht. Wir können ihn nicht verstehen und spüren nur seine Übermacht. Morija verdeutlicht uns: Gott erdrückt uns nicht mit seiner Übermacht. Aber es gibt Zeiten, da muss er uns fordern, damit wir reifen. Wenn Gott für uns dunkel wird, dann ist er nicht dunkel. Vielmehr soll dann unser Glaube wachsen, und wir werden herausgefordert, Gott neu zu vertrauen. Soweit der Berg Morija, der Berg der Herausforderung, der Berg, den wir brauchen, damit unser Glauben Fortschritte macht.

Berg Sinai

Auf dem Berg Sinai erhielt Mose die Zehn Gebote. Diese Gebote wurden für die Menschheit zum Lebensfundament gegen das Chaos. Vergaß der Mensch die Gebote, kehrte das Chaos zurück und zerstörte seine Welt. Suchte er von neuem die Gebote, fand er Ruhe und Frieden.

Auch in unserem Leben gibt es diese Chaos-Mächte, die uns die Ruhe nehmen und unser Leben aushöhlen und zerstören wollen. Wir brauchen dann die Gebote Gottes, um wieder ein Fundament zu finden, das uns Frieden schenkt. So wurde der Berg Sinai ein Zufluchtsort. Dorthin können wir fliehen, wenn das Chaos nach uns greift. Dort finden wir die Ordnung, die wir brauchen für ein gesegnetes Leben.

Berg Nebo

Nebo ist der letzte Berg, den Mose bestieg. Von dort durfte er das verheißene Land erblicken, das er nicht mehr betreten konnte. Dann legte er sich nieder zum Sterben und vollendete sein tief erfülltes Leben. Es ist der Berg der Sehnsucht, der Sehnsucht nach Vollendung.

Auch wir erfahren in unserem Leben immer nur eine Vorläufigkeit. Unser Leben bleibt immer unvollendet. Wir erreichen immer nur Teilziele. Wir erleben nie das totale Glück, die totale Erfüllung. Offensichtlich hat Gott das so vorgegeben. Unser Leben bleibt im Vorletzten. Das Letzte gibt es erst bei ihm. Alle Vollendung liegt in der Hand Gottes. Unser Leben bleibt immer unvollendet, das macht uns der Berg Nebo deutlich.

Berg Tabor

Auf dem Berg Tabor wurde Jesus verklärt. Die Bibel erzählt, dass die himmlischen Gestalten von Elia und Mose an seine Seite traten. Auf dem Berg Tabor hat sich für den Gottessohn der Himmel geöffnet. Für kurze Zeit wurde dieser Berg zur Gegenwart Gottes. Einen Augenblick neigte sich der Himmel zur Erde.

Auch uns wird das immer wieder einmal geschenkt, dass wir ein Stück Himmel erleben dürfen, z.B. wenn wir uns mit einem Menschen wirklich verstehen und eine gemeinsame Wellenlinie finden. Es gibt Zeiten, da können wir glauben ohne irgendeinen Zweifel und Gott ist uns nah, wie nie zuvor. Immer dort, wo wir ein Stück Himmel mitten in unserem Leben erfahren dürfen, geschieht Tabor, der Berg der Gegenwart Gottes.

Berg Golgatha

Auf dem Hügel Golgatha wurde Jesus gekreuzigt. Dort stieg er hinab in den Tod. Auf diesem Berg kamen Himmel und Hölle, Licht und Finsternis zusammen. Als Jesus ausrief: „Mein Gott, mein Gott, warum hast du mich verlassen?“ Golgatha, das ist der Berg des Leidens, der Qual und des Sterbens. Golgatha ist in dieser Welt gegenwärtig. Tag für Tag und Nacht für Nacht, zieht er sich durch diese Welt. Jesus ist dieser dunklen Wirklichkeit nicht ausgewichen. Jesus wurde selbst ein Teil dieses Berges. Golgatha und Jesus sind zu einer Einheit geworden.

Seit Jesus diesen Berg besucht und ihn durchschritten hat, steht er in einem neuen Licht. Golgatha heißt ganz brutal „Schädelstätte“. Doch dieser Berg ist durch Jesus zum Berg der Hoffnung geworden. Seit Jesus ausrief: „Vater, in deine Hände befehle ich meinen Geist, du hast mich erlöst, Herr, du treuer Gott.“ (Matthäus 27,46). Seitdem steht alles Leid im Lichte der Erlösung und Hoffnung der Auferstehung. Golgatha, der Berg des Leidens, wird zum Berg der Hoffnung.

Berg der Himmelfahrt

Der letzte Berg hat keinen Namen. Es ist der Berg der Himmelfahrt Jesu. Das Matthäusevangelium 28,16ff erzählt uns, dass er seine Jünger auf einen Berg in Galiläa bestellte. Dort machte er ihnen deutlich, dass er alle

Macht hat im Himmel und auf der Erde. Er beauftragte sie, all das weiterzugeben, was er ihnen anvertraut hat und die Menschen auf den Namen des Vaters, des Sohnes und des Heiligen Geistes zu taufen. Zum Schluss versicherte er ihnen und auch uns: Ich bin immer bei Euch an jedem Tag bis zum Ende der Welt. Dann ging Jesus hinüber in die höhere Wirklichkeit Gottes. Er war nicht mehr sichtbar, bis heute nicht. Trotzdem ist er da, ja für die, die glauben können, ist er sehr nah. Wir können seine Worte nicht mehr hören. Trotzdem spüren wir seine Kraft, wenn uns Vertrauen geschenkt ist. Seine Erdenzeit war vorüber, doch es begann unsere Zeit in geistlicher Verbindung mit ihm. Er lebt in uns. In jedem von uns soll etwas davon deutlich werden, dass seine Worte durch uns wirken bis zum Ende der Welt.

Der letzte Berg hat also bewusst keinen Namen. Doch überall in unserer Welt, wo ein Mensch diesen Worten von Jesus vertraut und mit ihnen lebt, wird dieser Berg gegenwärtig. Es ist der Berg, der uns die Gewissheit gibt: „Siehe, ich bin bei euch alle Tage bis zum Ende der Welt“. Amen.

Tal (Jesaja 40,4)

Wo kommt das Tal in der Bibel vor? Sicher fällt Ihnen dazu der Psalm 23,4 ein: „Und ob ich schon wanderte im finstern Tal.“ Das dunkle Tal hat sich als Bild tief bei uns eingeprägt. Es steht für die schweren Zeiten in unserem Leben. Es steht für Krankheitsnot, für Sorgen und Probleme und auch für Trauer und Tod. Viele von uns werfen gerne einen Blick auf das Parometer der Börse. Wir freuen uns, wenn es nach oben steigt. Beim Abwärtstrend spricht man von einem Tal. Es bedeutet nichts Gutes. Das Tal steht für die Dunkelheit und Schwere des Lebens. Berg dagegen bedeutet: Licht und Erfolg. Wenn wir unser Leben anschauen, dann beobachten wir eine Wellenlinie. Es gibt ein Auf und ein Ab. Es gibt in jedem Leben Berge und Täler.

Sehnsucht nach geraden Wegen

Dieses Auf und Ab des Lebens setzt uns zu, ja es besetzt uns mit Angst und Sorgen. Wie oft höre ich den Wunsch bei Geburtstagen oder bei der Konfirmation: „Wir wünschen dir, dass alles glatt geht. Von schwierigen Talfahrten sollst du verschont bleiben.“ Diese tiefe Sehnsucht, dass es keine Täler mehr geben soll, klingt auch schon beim Propheten Jesaja (40,4) an, wenn er das Reich Gottes beschreibt mit den Worten: „Alle Täler sollen erhöht werden und alle Berge und Hügel sollen erniedrigt werden.“

Unser Leben ist geprägt von Berg- und Talfahrten, von Krieg und Frieden, von einem Auf und Ab. In meiner Studienzeit lebte ich für ein Jahr in der Lüneburger Heide, im absoluten Flachland. Kein Berg, nicht einmal ein Hügel weit und breit, nur alles eben und flach. Können Sie sich vorstellen, dass ich nach einigen Wochen einen Flachlandkoller bekam? Ich musste unbedingt wohin fahren, wo es Hügel und Täler gab wie in meiner Heimat. Erst dann ging es mir wieder besser.

Diese Erfahrung möchte ich nun einmal übertragen auf unser Leben. Was wäre denn unser Leben ohne seine Höhen und Tiefen? Was wäre denn unsere Tageszeitung, wenn sie nicht von einem schlimmen Ereignis, einem Unfall oder einer Straftat berichten könnte? Was macht denn eine Lebensgeschichte so spannend? Das sind doch meistens die dunklen Täler und die schwierigen Wegstrecken. Wie haben wir immer die Ohren gespitzt, wenn unsere Väter und Mütter aus den Kriegszeiten erzählt haben oder noch heute erzählen? Bei meinen Geburtstagsbesuchen erfahre ich viel von den dunklen Tälern meiner Mitglieder in der Gemeinde. Dabei beobachte ich immer wieder, dass gerade diese dunklen Täler für uns Menschen wichtig sind. Gerade sie machen uns zu Persönlichkeiten, gerade durch sie reifen wir in besonderer Weise.

Das fruchtbare Tal

In der Natur sind die Täler zwar dunkel und schattig, aber sie sind überaus fruchtbar. Dort gibt es genug Wasser. Dort finden wir auch in den hitzigen Zeiten Schatten und Feuchtigkeit. Ja die Täler, die durchzogen sind von Bächen und Flüssen, sind die fruchtbaren Bereiche unserer Natur. In vielen Tälern verlaufen Verkehrswege, Straßen und Schienenverkehr. Durch die Täler zieht sich eigentlich der Lebensstrom. Aus Sicht der Natur sind Täler äußerst fruchtbar, sie sind ein großer Segen. Dagegen sind Höhen und Berge stärker der Trockenheit, dem Sturm und der Kälte ausgeliefert. Höhenwege sind zwar imposant und reizvoll. Doch aus Sicht der Natur sind sie unfruchtbarer.

Genau das ist auch unsere Erfahrung in unserem Glaubensleben. Ein Tal in unserem Lebenslauf erweist sich oft im Nachhinein als sehr fruchtbar für unser ganzes Leben. Müssen wir dunkle Talwege gehen, suchen wir oft ganz neu die Nähe Gottes. Nie beten wir so intensiv wie auf den Talstrecken unseres Lebens. Nie sind wir so dankbar für einen Glaubenszuspruch wie auf dem Krankenbett. Aus Sicht des Glaubens ist das Tal wirklich ein Segen. Dort schöpfen wir aus dem Wasser des Lebens. Dort wird unsere Seele erfrischt und gestärkt. Auch wenn es uns äußerlich nicht so gut geht, sind doch die Talwege in der Regel Segenswege Gottes. Dagegen kann sich ein Höhenweg unseres Lebens im Nachhinein als ein geistliches Tief offenbaren. Das muss nicht sein. Gott wünscht uns sicher von Herzen Glück und Erfolg. Er will, dass es uns gut geht. Doch bestimmt haben wir auch schon die Erfahrung gemacht, dass wir auf den Höhenwegen viel weniger Gott gesucht haben und unser Gebetsleben zurück geht. Auf den Höhenwegen stehen wir immer in der Gefahr zu meinen, es gehe auch ohne Gott. Ich habe mein Leben selbst im Griff.

Berg und Tal aus Gottes Hand

Gott hat beides in unser Leben gelegt, die herrlichen Berge und die faszinierenden Täler. Alles kommt aus seiner Hand. So erleben wir die schönen Zeiten der Liebe und des Erfolges. Es werden uns wunderbare Höhenwege geschenkt. Aber auch die Talwege kommen von ihm. Er hat sie uns nicht gegeben, um uns zu bestrafen oder weil er zornig auf uns ist. Talwege sind genauso sein Geschenk an unser Leben oder besser gesagt, seine Herausforderung an unser Leben. Aus dieser Sicht erscheinen sie wichtig für uns, eben weil sie unser Leben aus der Sicht des Glaubens fruchtbar machen.

Das unterstreicht der bekannte Hirtenpsalm, gerade in den dunklen Tälern unseres Lebens schenkt uns Gott besondere Aufmerksamkeit. Er zieht sich nicht zurück, so wie wir das oft meinen und fühlen. Nein, er ist uns dann besonders nahe. So formuliert David im 23,4 Psalm: „Müsst' ich auch wandern in finsterem Tal: ich fürchte kein Unglück, denn du bist bei mir: dein Hirtenstab und dein Stecken, die sind mein Trost.“ Dein Stecken und Stab Gottes – das ist ein ganz starkes Symbol des Glaubens dafür, dass Gott in unserem Leben und gerade in den schwierigen Zeiten vorangeht. Mit den Augen des Glaubens sehen wir den unsichtbaren Stab Gottes, der schon unsere dunklen Wegstrecken durchschritten hat, bevor wir sie begehen. Er geht voran. Er kennt den nächsten Schritt und er wird uns sicher hindurch bringen.

Für uns Christen ist der Stecken und Stab das Kreuz Jesu Christi geworden. Er hat alle dunklen Täler dieser Welt durchschritten auch das dunkle Todestal. Wir glauben, dass er auch uns vorangeht, wenn wir schwere Talwege beschreiten müssen. Deshalb brauchen wir sie nicht zu fürchten. Er geht voran und er sorgt für uns. Mit seiner Hilfe werden uns die Täler des Lebens zum Segen. Denn er gibt gerade in diesen Tälern unserer Seele das Wasser des Lebens.

Wir dürfen die Täler unseres Lebens mit neuen Augen sehen. Wenn wir Talwege geführt werden, dann sollten wir uns nicht so sehr von den äußeren Schwierigkeiten blenden lassen, sondern vertrauen, dass gerade die Täler mit Gottes Hilfe zu fruchtbaren Segenszeiten werden dürfen. Amen.

Flüsse

In der Bibel spielen die Flüsse eine bedeutende Rolle. Im Paradies kommen gleich vier Flüsse zur Sprache: Pison, Gihon, Euphrat und Tigris. Das verdeutlicht, dass die Quellen und Flüsse zu den großen Schöpfungsgeschenken Gottes gehören. Sie sorgen für die Befeuchtung, sie geben Wasser zum Leben und zur Nahrung. Deshalb zeugen sie von der Güte und Liebe Gottes.

Im zweiten Buch Mose wird vom Nil berichtet. Er ist doppelt so lang wie die Donau (2.888 km) mit 6.500 km gehört er zu den größten Strömen der Erde. Den Wüstenstaat Ägypten hat er fruchtbar gemacht. Der Nil steht deshalb besonders für Fruchtbarkeit und Leben. Auf diesen Nil wurde auch Mose ausgesetzt, der vom Pharao getötet werden sollte. Der Nil wurde für ihn zum Lebensretter. Er wurde von der Tochter des Pharao gefunden und aufgezogen.

Der größte Fluss Israels ist der Jordan, der an vielen Stellen im Alten und Neuen Testament genannt wird. Im Vergleich zum Nil und zur Donau ist er nur ein kleines Flüsschen mit gerade 250 km Länge, also nicht einmal 10 % der Donau. Trotzdem ist er einzigartig. Er entspringt auf einer Höhe von gerade 80 m und fließt in das Tote Meer, das 392 Meter unter dem Meeresspiegel liegt. Er bewältigt also einen Höhenunterschied von fast 500 Metern. Im Jordan wurde Jesus getauft. Dort ertönte auch die Stimme Gottes: „Das ist mein lieber Sohn, an dem ich Wohlgefallen habe." (Lukas 3,22) Deshalb gilt der Jordan als geheiliger Fluss.

Fluss, ein Bild für unser Leben

Der Fluss ist ein Bild für unser Leben. Ruhig fließt er dahin. Er strömt und strömt, von nichts wird er aufgehalten. Wellen kräuseln sich, kleine Schaumkronen tanzen. Der Fluss hält sich friedlich an sein Bett. Aber er kann gefährlich werden. Über die Ufer tretend, kann er das Land überschwemmen und die Wohnorte mit Hochwasser bedrohen. Der Fluss hat eine lange Reise hinter sich und noch vor sich. Er ist unterwegs durch Wälder und Wiesen, durch Städte und Dörfer. Hecken, Büsche und

Bäume säumen seinen Weg. Hoch in den Bergen liegt die Quelle. Rinnsale, andere Bäche und Flüsse sind ihm zugeflossen. Regen ist ihm von oben zugeströmt. Verdunstend hat er wieder abgegeben von seinem Überfluss. Er ist nicht arm geworden und leer. Weiter fließt er, bis er mündet in einen anderen Fluss, in das Meer oder in den Ozean. Der Fluss hat Kähne und Schiffe zu tragen. Sie verdrängen das Wasser unter sich. Dass macht dem Fluss nichts aus. Er ist tragfähig. Er selbst bewegt sich und hilft anderen sich fortzubewegen.

Der Fluss spiegelt also mein Leben. Dazu eine Meditation: „Ganz klein und unscheinbar habe ich angefangen. Ich bin größer und breiter geworden. Ich fließe und fließe in dem vorgezeichneten Bett. Unaufhaltsam geht es weiter durch die Landschaft meiner Welt, immer Neues entdeckend, erlebend, erleidend. Und wie viele Menschen haben beigetragen, dass ich so bin, wie ich bin? Was ist mir alles zugeflossen an Freundlichkeit und Liebe? Was habe ich abgegeben an andere? Auf und ab geht die Bewegung meines Lebens: Manchmal läuft alles glatt, ein anderes Mal bin ich aufgewühlt bis auf den Grund. Auch Bodensatz steigt nach oben. Ich werde undurchsichtig. Treibholz, Abfälle führe ich mit, obwohl ich mich bemühe, sauber und rein zu bleiben und Wogen glättend.

Bin auch ich tragfähig wie der Fluss, stehe ich anderen zur Verfügung? Bin ich belastungsfähig? Fühle ich mich bedrängt, verdrängt von anderen? Finden sie bei mir Aufnahme, Geborgenheit und Sicherheit wie in einem Schiff? Helfe ich ihnen weiterzukommen? Oder bin ich gefährlich, bedrohlich für sie, ihr Leben gefährdend, sie überschwemmend mit meinen Ideen, sie ertränkend in meinem Ich?

Die Quelle liegt hinter mir, Fluss aufwärts. Der Fluss meines Lebens fließt weiter, abwärts der Mündung zu. Geht es abwärts mit mir, von Jahr zu Jahr? Oder doch aufwärts zum großen Ziel im Meer der Ewigkeit? Der Strom der Zeit fließt von gestern nach heute und morgen. Alles in der Welt ist im Fluss. Die Dinge treiben, lassen sich treiben und werden getrieben. Ist der Weg vorgegeben in stetem Lauf zum Ziel? Oder ist alles uferlos, ziellos, sintflutartig?

Das andere Ufer lockt mich. Ich will nicht hocken bleiben. Ich will aufbrechen, Neuland betreten und Neues erleben. Ich möchte nicht bleiben an dem, was ist. Ich will streben nach dem, was sein kann. Sicheren Schrittes kann ich über die Brücke gehen. Ich kann mich übersetzen lassen. Ich kann es wagen, mich selbst in die Fluten zu stürzen.

Einst werde ich am letzten Ufer des Lebens stehen. Denn ganz am Ende muss ich übersetzen von dieser Welt in eine andere. Ich hoffe auf ein rettendes ewiges Ufers. Dort werde ich erwartet. Ich schließe mit Jesaja 43,1b-2a: „Fürchte dich nicht, denn ich habe dich erlöst; ich habe dich bei deinem Namen gerufen: du bist mein! Sooft du durchs Wasser gehst: ich bin bei dir, und durch Ströme: sie sollen dich nicht überfluten!“ Amen.

Steine

Steine waren für uns Menschen die ersten Werkzeuge. Der erste Hammer, der erste Pflug war aus einem Stein. Aber auch die ersten Waffen wurden aus Stein gefertigt. Kain, der erste Sohn von Adam und Eva, brachte seinen Bruder Abel mit einem großen Stein um. Er war neidisch und zornig auf ihn. So griff er nach einem Stein. Der Stein gab ihm Macht. Doch der Stein löschte auch Leben aus und brachte den Tod. Auch der erste Märtyrer der Christenheit starb unter einem Steinhagel: Stephanus ein Diakon und Prediger in der ersten Christengemeinde wurde gesteinigt. Steine löschten sein Leben aus. So ist der Stein für uns zunächst einmal Ausdruck der Gewalt und der dunklen Seite unseres Menschseins. Nicht der Stein ist böse, sondern der Mensch. Er missbraucht ihn. Er macht ihn zum Werkzeug des Bösen. Er gibt ihm eine dunkle Macht.

Bilder des Steines übertragen wir auch auf die dunklen Seiten des Menschen: So sagen wir: „Der hat ein Herz aus Stein!“ Und meinen damit: „Dieser Mensch ist unbarmherzig und ohne menschliche Einfühlung.“ Menschen, die wir fürchten, haben einen „steinernen Blick“. Mitmenschen die andere verletzen, haben scharfe „Ecken und Kanten“. Und wenn wir ein schwieriges Problem zu bewältigen haben, dann liegt es uns „wie ein Stein im Magen“.

Steine – die Helfer der Menschen

Doch der Stein an sich ist nicht etwas Böses oder Gefährliches. Wird er richtig eingesetzt, so ist er etwas Wertvolles. So sind die Steine uns in unserer menschlichen Geschichte eben auch zu großen Helfern geworden. Wir Menschen haben sie für uns entdeckt. Wir bauen mit ihnen unsere Häuser. So schenken sie uns Wärme und Geborgenheit, vor allen in den kalten Tagen. Sie schützen uns vor Wind und Wetter, vor Hagel und Schnee und vor den vielen Gefahren des Lebens. Wie viele Mauern haben gefährliche Feinde abgehalten. Steine sind also Helfer und Freunde für uns Menschen geworden.

Ich habe Ihnen vorhin einen Stein in die Hand gedrückt. Nun ist er in Ihrer Hand warm geworden. Er liegt jetzt angenehm in unserer Hand. Er ist kein Fremdkörper mehr. Doch er ist nur deshalb warm geworden, weil wir ihn angenommen haben. Wir haben unsere Hand für ihn geöffnet.

Annehmen, nicht verändern

Versuchen Sie doch jetzt bitte einmal, Ihrem Stein eine andere Form zu geben. Es reicht ja schon, wenn Sie nur eine kleine Kante oder Rundung verändern. Ja Sie lächeln? Da tut sich nichts, absolut nichts! Keinen Millimeter können wir selbst einen solchen kleinen Stein verändern. Der bleibt wie er ist. Auch dann wenn wir ihn gegen die nächste Wand schleudern. Stein bleibt Stein. Und wir machen die Erfahrung: Mensch bleibt Mensch. Da ändert sich nichts! Wir können nichts bewegen. Es bleibt uns nichts anderes übrig, als den Stein so anzunehmen, wie er ist. Nur so kommen wir mit ihm zurecht! Alles andere wird schwierig! Das ist nun das erste, was wir von den Steinen lernen können. Nicht gleich den anderen verändern wollen, sondern ihn so akzeptieren, wie er ist.

Bitte nehmen Sie jetzt einmal Ihren Stein in die Hand und schauen ihn bewusst an und beginnen Sie mit ihm zu reden: „Wenn ich dich so näher betrachte, dann sprichst du mich an. Du bist nicht nur einfach ein Stein wie so viele andere. Du bist ein besonderer und unvergleichlicher Stein. Keiner ist wie du. Du hast deine besondere Geschichte. Uralt bist du. Von solch einem Alter können Menschen nur träumen."

Sie spüren vielleicht, wie sich unsere Beziehung zu dem fremden Stein verändert hat. Aus einem kalten, fremden Stein ist nun etwas Warmes und Vertrautes geworden. Das ging nicht von selbst. Sie haben mitgewirkt. Sie haben den Stein angenommen und als etwas Einmaliges gesehen. Sie haben auch den Versuch unterlassen, den Stein zu verändern. Sie nehmen ihn, so wie er ist, und erkennen seine Einzigartigkeit.

Wie Christus uns angenommen hat

Das ist genau das, was Christus uns vorgelebt hat. Paulus umschreibt das mit den Worten: „Nehmt einander an, wie Christus euch angenommen hat." (Römer 15,7) Christus hat jeden Menschen so angenommen, wie er ist. Er wusste: Jeder Mensch ist ein einzigartiges Geschöpf des Vaters im Himmel. Gott selbst hat jedem Menschen sein Gesicht, seine Art, seine Fähigkeiten, Stärken und Schwächen zugeordnet. Jeder Mensch ist ein einmaliges Geschenk des Himmels. In jedem Menschen begegnet uns ein

Stück weit die Wirklichkeit Gottes. Auch die Geschichte und die Prägung eines Menschen, ist seine Geschichte mit Gott.

Wenn uns das wichtig wird, begegnen wir jedem Mitmenschen mit Würde. Denn wir erkennen, hinter ihm steht Gott der Schöpfer, der ihn geschaffen hat und der ihn auch so werden ließ. „Nehmt einander an, wie Christus euch angenommen hat.“ Das ist das, was uns zur christlichen Gemeinschaft macht. Wenn Jesus Christus zwischen uns sein darf, wenn er uns verbindet, dann gehen wir auch anders miteinander um. Dann sehen wir uns mit den Augen Gottes. Es bestimmt uns dann nicht mehr unser Eindruck, unsere Sympathie, unsere Feindbilder, unser Neid und unser Schubladen-Denken. Wenn Christus zwischen uns steht, dann sehen wir uns mit den Augen Gottes. Jeder von uns ist ein einmaliges und einzigartiges Geschöpf Gottes. Amen.

4. Von den Naturgewalten
Feuer und Wasser, Sturm und Donner

Feuer

Feuer fasziniert uns. Was sehen wir, wenn wir in ein Feuer hineinschauen? Ein seltsamer Wandlungsprozess ereignet sich da: die scheinbar toten Elemente werden von einer geheimnisvollen Gewalt erfasst, es bricht eine Flamme aus ihnen heraus, sie bäumen sich nach oben, werden glühend, brechen auseinander, strahlen eine Leuchtkraft aus, geben Hitze frei, ein Knistern und Knacken begleitet den Vorgang.

Feuer – Bild für das Innere

Im Feuer finden wir Eigenschaften von uns selbst. Besonders Friedrich Nietzsche erkannte darin sein eigenes unruhiges Wesen: „Ja! Ich weiß, woher ich stamme! Ungesättigt gleich der Flamme. Glühe und verzehr' ich mich. Licht wird alles, was ich fasse, Kohle alles, was ich lasse: Flamme bin ich sicherlich!“ Auch der Dichter Hölderlin (Hyperion) wurde beim Anblick der Flammen an sein inneres Wesen erinnert: „Wir sind wie Feuer, das im dürren Ast oder im Kiesel schläft, und ringen und suchen in jedem Moment das Ende der engen Gefangenschaft.“ Und er fragt: „Warten wir nicht auf die Augenblicke der Befreiung, wo das Göttliche den Kerker sprengt, wo die Flamme vom Holze sich löst und siegend emporwallt über die Asche?“

Bilder des Feuers durchziehen auch unser Leben und unsere Alltagssprache: So werden wir vom Feuer der Liebe ergriffen, aber auch vom Feuer der Wut, wir sind für eine Idee „Feuer und Flamme", aber können auch vom Feuer eines fanatischen Eifers erfasst werden. Wer für einen anderen einsteht, ist bereit, für ihn „durchs Feuer" zu gehen. Eine schwierige Entscheidung stellt uns in eine Feuerprobe. Harte Zeiten empfinden wir so, als müssten wir im Feuer geläutert werden. Wer das Feuer scheut, will der Gefahr entgehen, aber er läuft auch der großen Chance davon, durch das Feuer verwandelt zu werden.

Gott ist wie Feuer

Im Feuer begegnet uns auch die Wirklichkeit Gottes in besonderer Klarheit. Eindrucksvoll hat das der Theologe Dionysios Areopagita beschrieben, der im 5. Jh. gelebt hat: „Das sinnliche Feuer ist sozusagen in allem und leuchtet unvermischt durch alles hindurch. Doch zugleich ist es von allen getrennt. Es ist allstrahlend und zugleich geheim. Es ist unbezwingbar und nicht festzubinden, selbstherrlich allen Dingen gegenüber und verwandelt alles, dem es innewird, in das eigene Wesen und Wirken hinein. Es belebt und verjüngt durch seine lebenspendende Wärme. Es erleuchtet durch seine nicht zu hemmenden Strahlen. Es ist unbesiegt, unvermengt, kritisch zertrennend, unveränderlich. Es strebt nach oben, ist scharf zupackend, hochfahrend und keiner Kriecherei zugänglich. Immer ist es beweglich, selbstbeweglich, Fremdes bewegend, allumgreifend. Es gehorcht seinem eigenen Wesen. Es blitzt immer wieder auf und ist dann wieder ungreifbar entfliegend."

Auch die Bibel vergleicht Gott mit dem Feuer: „Der Herr, dein Gott, ist ein verzehrendes Feuer". (5. Mose 4,24) Bekannt ist die Geschichte von Mose, dem Gott in einem brennenden und doch nicht verbrennenden Dornbusch erscheint (vgl. Exodus 3,2). Der Prophet Hesekiel sieht Gott, wie er „mit flammendem Feuer daherkommt" (Ezechiel 1,4), und im Buch Daniel sind „Feuerflammen sein Thron, dessen Räder loderndes Feuer sind" (Daniel 7,9). Das Volk Israel wird in seiner Wüstenwanderung von einer wandernden Feuersäule begleitet. Dadurch wurde ihnen die Nähe Gottes vor allen in den angstvollen Nächten bewusst (vgl. Exodus 13,21).

Jesus und das Feuer

Jesus greift auch das Symbol des Feuers auf. Er versteht sich als Feuerbringer und wünscht sich ein loderndes, reinigendes Feuer. „Ich bin gekommen, um auf der Erde ein Feuer zu entzünden, und ich wollte, es stünde schon in hellen Flammen.“ (Lukas 12,49) Seine Rede ist feurig, die Funken seiner Worte fallen in die Herzen seiner Zuhörer und lassen dort überall Brände entstehen. In einem apokryphen Jesuswort, das aber früh bezeugt ist und vielleicht zu den echten Herrenworten gehört, heißt es: „Wer mir nahe ist, ist dem Feuer nahe. Wer mir ferne ist, ist dem Reiche fern.“ Keiner kann in seiner Nähe teilnahmslos bleiben, der eine wird vom Feuer Jesu ergriffen und umgewandelt. Schon der Täufer Johannes hatte verheißen: „Der, der nach mir kommt, ...wird euch mit dem Heiligen Geist und mit Feuer taufen.“ (Matthäus 3,11)

Was geschieht, wenn uns Jesus begegnet? Denken wir an die Geschichte, der Emmaus Jünger. Sie waren nach dem Tod Jesu tief traurig, ja ohne Hoffnung. Dann trat Jesus an ihre Seite. Seine Worte bewirkten, dass es in ihrem Herz hell wurde. Ja ihr dunkles Herz fing Feuer. Es ging ihnen wieder gut. Jesus half, das Dunkle, Schwere und Angstvolle wegzuschieben. Sie standen wieder im Licht. Die Begegnung mit Jesus hat sie froh gemacht. Das will uns auch unser Glaube an Jesus Christus schenken. Auch unser Herz ist oft verdunkelt und belastet. Ich beobachte gerne die Menschen und schau ihnen in die Augen. Das Auge spiegelt oft das Herz wieder. In vielen Augen lese ich Traurigkeit und Belastung. Wenn wir an Jesus glauben können, dann bekommt das Feuer des Heiligen Geistes in uns Raum. Dann kann das Dunkle hell werden.

Besonders beeindruckend hat dies der Mathematiker und Physiker Blaise Pascal (1623-1662) beschrieben. Er war Wissenschaftler und ein sehr kritischer Geist. Mit dem Glauben hatte er lange Zeit nicht viel am Hut. Er lehnte ihn eher ab. Er ist nur 39 Jahre alt geworden und erst mit 30 Jahren hat er sich neu für den christlichen Glauben geöffnet. Dabei hatte er eine Art Pfingsterlebnis. Er schreibt: „Feuer. Der Gott Abrahams, der Gott Isaaks und der Gott Jakobs, nicht der Philosophen und der Gelehrten. Gewissheit, Gewissheit, Empfinden, Freude, Frieden. Der Gott Jesu Christi. Gerechter Vater, die Welt kennt dich nicht; ich aber kenne dich. Ich habe mich von ihm getrennt, ich habe mich ihm entzogen, habe ihn verleugnet und gekreuzigt. Möge ich niemals von ihm getrennt sein. Er ist allein auf den Wegen zu bewahren, die im Evangelium gelehrt werden.“

Blaise Pascal hat dieses Feuer im Herzen nicht mehr verloren. Es hat seine Augen zum Leuchten gebracht. Er hatte etwas gefunden, was ihm gut getan und ihn froh gemacht hat.

Ich bin Pfarrer geworden, weil ich auch diese Erfahrung von Blaise Pascal gemacht habe. Nur nicht so dramatisch. Ich spüre auch, dass der Glaube an Jesus Christus in meinem Herzen etwas zum Leuchten bringt. Etwas,

was mich immer wieder froh macht. Doch wie oft tritt dieser brennende Glaube in den Hintergrund und andere Dinge werden wichtig. Manches Mal flackert mein Glaubenslicht auf niedriger Flamme. Doch es geht nicht aus. Das Tolle ist, gerade in meinen dunklen Stunden brennt es heller. Auch in unseren Enttäuschungen und in unserem Scheidern machen wir die Erfahrung: Er ist da und hält uns. Seine Hände tragen uns durch unsere schwierigen Zeiten. Dieses Feuer des Heiligen Geistes geht nie ganz aus. Es erleuchtet die Nächte unseres Lebens. Und wie oft sehen wir es klarer, wenn Leid und Kampf unser Leben bestimmt.

Dieses Feuer des Heiligen Geistes steckt an. Wenn wir wirklich glauben, und dieses Feuer in uns brennt, dann spüren das auch andere. Wir tun dann anderen Menschen gut. Der Geist Gottes entfaltet bei uns gute Gaben: Paulus nennt die drei wichtigsten Wirkungen des Geistes, nämlich Glaube, Hoffnung und Liebe. An anderer Stelle unterstreicht er Barmherzigkeit, Demut und Freude. Das schönste Zeichen des Glaubens ist die Gemeinschaft und zwar eine Gemeinschaft, die keine Grenzen kennt. Christus gibt uns Kraft, jeden anzunehmen wie er ist. Seine Liebe hebt alle Grenzen auf (vgl. 1. Korinther 13). Amen.

Wasser

Es gibt Klangwörter, die Emotionen wecken, Wörter, die etwas zum Schwingen bringen. Zu diesen Klangwörtern gehören z.B. die Worte: Gold, weil es sehr wertvoll ist; Urlaub, weil wir Freiheit erleben dürfen; Liebe, weil die Tiefe unserer Seele berührt wird. Wasser gehört in unseren Breitengraden nicht unbedingt zu den Klangwörtern. Doch in vielen Ländern der Welt ist das anders. Dort gehört es zu den beliebtesten Klangwörtern. Ich spreche vom Wasser. Bei uns gibt es dieses Wasser im Überfluss. Wenn wir es brauchen, öffnen wir den Wasserhahn und schon fließt es, so lange wie wir wollen. Immerhin verbraucht jeder Bundesbürger im Durchschnitt pro Tag 150 Liter Wasser. Einem Äthiopier stehen nur zehn Liter Wasser zur Verfügung. Dass Menschen rund um den Äquator ein ganz anderes Verhältnis zum Wasser haben als wir, soll Ihnen eine kleine Begegnung verdeutlichen.

Wasser ist Leben

Ein Mauretanier sah auf seiner Reise durch den Savoyen Gebirgszug zum ersten Mal einen kräftigen Wasserfall. Er stand da wie angewurzelt und konnte es nicht fassen. Er stand und stand und wartete, dass der kostbare Wasserstrom versiegte. Er begriff dieses Wunder nicht. Seine Gedanken schienen sich zu überschlagen: „Hier rinnt aus dem Bauch des Berges das Leben selbst, der heilige Lebensstoff. Der Ertrag von nur einer Sekunde kann eine ganze verschmachtete Karawane zum Leben erwecken. Hier ist Gott sichtbar gegenwärtig. Hier hat er die Schleusen seiner Macht geöffnet." Der Mauretanier wollte bleiben und abwarten bis dieses Wunder aufhörte. Unvorstellbar, dass dieser Wasserfall ewig herunterstürzen könnte, unvorstellbar, dass Gott diese Verschwendung nicht bereuen würde.

Wasser und Leben ist für den Mauretanier ein Wort. Beim Anblick des Wassers muss er Gott loben, so wie er ihn lobt, weil er Leben darf. Ähnliche Worte finden wir in der Bibel bei Psalm 104,10f: „Du, Herr, lässt Wasser in die Täler quellen, dass es zwischen den Bergen dahinfließt, dass alle Tiere des Feldes davon trinken und der Mensch seinen Durst löscht."

Astronauten, die das Vorrecht hatten, unsere Erde von außen zu sehen, z.B. vom Blickwinkel des Mondes, berichten folgendes: Unser Erdball erscheint wie ein leuchtend blauer Smaragd im Weltall. Bis heute ist er der einzige Planet, den wir kennen, der Leben ermöglicht. Leben wird durch das Wasser ermöglicht, das den größten Teil der Oberfläche bedeckt. Das Geheimnis des Lebens und das Wasser hängen unmittelbar zusammen.

Jesus bringt das Wasser für die Seele

Deshalb wurde für Jesus dieses Wasser zum Sinnbild. Er stellt dem Durst der Kehle den Durst der Seele gegenüber. Menschen, deren Seele dürstet, ruft er zu: „Wer durstig ist, komme zu mir und trinke. Wer an mich glaubt, dem gilt, was die Schrift sagt: Aus seinem Innern werden Ströme von lebendigem Wasser hervorfließen. Denn ich bin die Quelle des Lebens, von mir kommt das neue Leben. Wer an mich glaubt, wird ewig leben." (Johannes 6,35)

Gott, der Schöpfer, hat uns das natürliche Wasser geschenkt und dadurch das Leben ermöglicht. Um es zu bekommen, müssen wir es nur suchen, schöpfen und trinken. So haben wir Zugang zu dieser Trinkquelle. Jesus Christus hält ein anderes Lebenswasser für uns bereit, das im Grunde noch viel wertvoller ist: Es ist das Wasser im geistlichen Sinne, das Getränk unserer Seele. Wie finden wir Zugang zu dieser Quelle? Auch diese Quelle des Lebens gilt es zu suchen. Unsere Wege sind dabei unsere Gebete. Hilfen finden wir durch die Bibel und durch geistliche Worte.

Wir dürfen unser Vertrauen auf die Worte Jesu setzen und glauben, dass wir uns persönlich angesprochen fühlen dürfen. „Kommt her zu mir, die ihr mühselig und beladen seid, ich will euch erquicken. Nehmt auf euch mein Joch und lernt von mir, denn ich bin sanftmütig und von Herzen demütig, so werdet ihr Ruhe finden für eure Seele.“ (Matthäus 11,28f)

Wie leicht ist es doch an einer sprudelnden Quelle die Hände zu öffnen, diese reine Kostbarkeit mit den Händen aufzunehmen und davon zu kosten. Aber wie schwer machen es doch unsere Zweifel, Jesus, der Lebensquelle, unser Vertrauen zu schenken und zu sagen: „Ja, ich vertraue deinem Versprechen. Ja, ich glaube, dass ich die Kraft deiner Worte erfahre.“

Vom modernen zweifelnden Menschen

Vielleicht kennen Sie dieses kleine traurige Märchen vom modernen, zweifelnden Menschen? Er verirrte sich in der Wüste. Verzweifelt versuchte er eine Oase zu finden. Die Sonne brannte unbarmherzig und trocknete ihn aus. Da plötzlich tauchten vor ihm Palmen auf. Er hörte Wasser plätschern. Doch der moderne zweifelnde Mensch konnte das nicht glauben. „Das kann doch nur eine Fata Morgana sein, eine Luft-spiegelung.“ Je näher er kam, umso deutlicher wurden die Eindrücke. Doch der moderne zweifelnde Mensch dachte: „Natürlich eine Hunger-phantasie, die mir mein Gehirn vorgaukelt.“ Seine Skepsis war größer als sein Vertrauen. Zwei Beduinen fanden ihn. „Verstehst du das?“, fragte der eine. „Die Datteln wachsen ihm fast in den Mund. Die Quelle liegt wenige Meter vor ihm. Wie ist das möglich?“ „Er war ein moderner Mensch“, sagte der andere. Auch wir kennen diese Kraft des Zweifels, diese innere Erhabenheit, die uns schwach und blind macht für das Vertrauen, das Leben schenkt.

Taufe und Abendmahl

Jesus hat uns nun – eben weil er die Macht unserer Zweifel kennt – zwei gute Zeichen, zwei Sakramente gegeben. Sie sollen uns immer wieder neu helfen Vertrauen zu finden. Das eine Zeichen ist die Taufe. Die **Taufe** möchte uns sagen: „Das Taufwasser benetzt mein Haupt und kommt mir ganz und gar nahe. Genauso nahe kommt Gott zu mir. Er ist nicht weit weg. Er kommt mitten in mein Leben. Er weiß um alles, was mich bewegt. Jedes Gebet hört er, jeden Schmerz kennt er. Ja, meine Gedanken erfasst er, noch bevor sie mir bewusst werden. Die ganze Wirklichkeit Gottes kommt in mein Leben. Alle Gaben Gottes stehen mir zur Verfügung. Doch nur durch den Glauben finde ich Zugang.“

Von Martin Luther wird berichtet, dass er gerne dann, wenn böse Zweifel ihn bestürmen wollten, auf ein Blatt mit großen Buchstaben schrieb: „Ich bin getauft, ich bin getauft!“ Damit sagte er sich: „Gottes Lebenswasser ist da in meinem Leben. Ich bin ein Kind Gottes. Gott ist bei mir. Ich lebe mit ihm ohne Ende."

Auch das andere Sakrament, das **Abendmahl,** möchte uns immer wieder in unserem Vertrauen stärken. Jedes Mal, wenn wir das Wasser des Weines zu uns nehmen, trinken wir im Glauben solches Lebenswasser. So wie der Wein über unsere Zunge in uns eindringt und uns zur Nahrung wird, soll uns deutlich werden: Gott kommt in unser Leben mit seiner Kraft. Er schenkt uns Kräfte der Hoffnung und Zuversicht. Für mich ist jedes Abendmahl wie ein Vollbad. Es reinigt mich an Seele und Geist. Mein Leben beginnt neu im Glauben. Mein Leben beginnt erneut mit Gott.

Lass mich lebendiges Wasser sein

Ein Lied beginnt mit dem Wunsch: „Lass mich sein wie lebendiges Wasser, das durch Trockenheit fließt, bete ich. Herr, du selbst bist das lebendige Wasser, darin fließe du nun selbst durch mich." Dieser Liedvers legt ein Jesuswort aus, das wir in Johannes 7,38 finden: „Wer an mich glaubt, wie die Schrift sagt, von des Leib werden Ströme lebendigen Wassers fließen."

Eine Geschichte möchte erläutern, was das für uns bedeuten kann: „Im Glauben bin ich Jesus Christus begegnet. Er hat mich befreit von der Kruste aus Schlamm und Angst, die mich umgab. Jetzt bin ich wieder rein, kristallklar, durchsichtig wie ein Tropfen; die Sonne spiegelt sich darin, sie wird in allen Farben gebrochen. Ein Wassertropfen bin ich vor meinem Gott. Doch während ich mich noch freue, während ich juble, dass ich rein bin, schickt mich mein Meister fort. Ich soll ein Tropfen sein, der ein Feld bewässert. Die Erde saugt mich auf, ich werde Schlamm.

Ich soll ein Tropfen sein, der Menschen erfrischt. Aber geht nicht dadurch meine Schönheit und Klarheit verloren? Ich bin ein Tropfen auf einem heißen Stein, der verdampft, wie viele vor mir. Ich wehre mich dagegen. „Herr, das finde ich nicht gut, dass du mich immer wieder in die Welt schickst, in der ich vor Schmutz nicht atmen kann, in der mich andere ausnutzen und mein Einsatz nicht mehr wert ist, als ein Tropfen auf dem heißen Stein!"

Aber wenn der Tropfen verdampft, steigt er auf bis er von der Wolke wieder als Tropfen zur Erde fällt - gereinigt und klar mit anderen Tropfen. Das geschieht auch mit mir, Herr, wenn ich meine, ich hätte mich verausgabt an der Welt, die ausgetrocknet und ohne Liebe ist, wenn ich das Gefühl habe leer zu sein. „Dann führst du mich wieder nahe zu dir, machst mich neu und klar erfrischend für andere. Nun verstehe ich, Herr, diesen Kreislauf. Auch wenn ich verzagt bin, möchte ich „Ja“ sagen zu deinem Weg mit mir. Ich will dein Wassertropfen sein, in der Erde dieser Welt, auf dem heißen Stein. Heute, morgen und immer wieder, bis alles geschehen ist, was du durch mich tun willst.“ Amen.

Sturm (Lukas 8,22ff)

Sommerstürme haben uns in den letzten Jahren immer wieder erschreckt und sie scheinen zuzunehmen. Sturmzeiten kennen wir auch in unserem Leben. Doch hoffentlich werden sie nicht mehr und vor allen nicht zu heftig. Unsere Lebenstürme tragen die Namen Krise, Krankheit, Enttäuschungen, Trennungen und Tod. Wir fragen gerne. Sind diese Lebens-Stürme Heimsuchungen Gottes? Wozu sind sie gut für uns? Verbirgt sich Gott gar selbst in einem solchen Sturm und demonstriert dadurch seine gewaltige Macht? Auf diese Fragen möchten wir nun eine helfende Antwort finden. Zunächst stelle ich fest: Stürme sind wichtig, ja lebenswichtig!

Stürme sind lebenswichtig

Wind und Sturm sind für die Natur wichtig. Ja, sie sind sogar lebenswichtig. Bestimmt kennen Sie auch diese alte, eindrückliche Geschichte von den Menschen, die sich andauernd über das Wetter beschwert haben. Eines Tages sagte ihnen Gott: „Dann macht ihr eben euer Wetter selbst.“ „Prima“, antworteten sie, „wir werden das besser machen als du.“ Zunächst lief das alles auch super. Es gab viel Sonne, dann auch mal etwas Regen – alle waren zufrieden. Die Pflanzen wuchsen gut, Kartoffeln und Getreide – es sah vielversprechend aus. Als sie dann das Getreide dreschen wollten, waren die Ähren leer und hatten keine Körner, ähnlich war es mit den Früchten an den Bäumen. Denn sie hatten etwas ganz Entscheidendes vergessen: nämlich den Wind.

Die Geschichte zeigt, dass der Wind unbedingt dazu gehört. So ist das auch mit den Stürmen unseres Lebens. Wir mögen sie nicht unbedingt. Und doch bringen sie etwas in Bewegung. Und doch wirken sie wie ein reinigendes Gewitter. Und doch fordern und verändern sie uns und spornen uns an, uns zu entwickeln.

In der christlichen Urgemeinde war der Sturm Symbol für den Heiligen Geist. Am ersten Pfingsttag erschien er als gewaltiger Sturm und brachte die ersten Christen in Bewegung. Mit der Energie dieses heiligen Sturmes konnten sie ihren Glauben bekennen. Mit der Energie des Heiligen Geistes machten sie sich auf, um in vielen Ländern dieser Erde von Jesus Christus und seiner Kraft zu berichten.

Stürme und Bewegung in unserem Leben erscheinen uns lebenswichtig und lebensfördernd. Stillstand dagegen ist hinderlich, ja Stillstand ist wie der Tod. Versuchen wir doch, in jedem Sturm unseres Lebens, etwas Gutes zu sehen, etwas, das uns antreibt und nach vorne treibt. Stürme können wir als Wege und Führungen Gottes erkennen.

Gott ist nicht im Sturm

Doch manches Mal sind uns die Herausforderungen Gottes zu heftig. Wenn unsere Krankheit keine Besserung verspricht, wenn ein Schicksalsschlag nach dem andern kommt. Wenn wir vertrauen und trotzdem keine Hoffnung finden. In einer solchen Situation befand sich der Prophet Elia. Er hatte sich für Gott eingesetzt. Doch nun waren seine Kraft und sein Glaube am Ende. Er befand sich in einer Depression und wollte nur noch sterben.

Da wurde ihm eine einzigartige Begegnung geschenkt (1. Könige 19). Gott versprach Elia, an ihm vorüberzuziehen. Da kam ein kräftiger Sturm. Felsbrocken flogen durch die Luft. Doch Gott war nicht im Sturm. Dann kam ein heftiges Erdbeben. Doch Gott war nicht im Erdbeben. Auch im großen Feuer, das vorüberging, war er nicht. Gott erschien ihm schließlich in einem sanften Hauch.

Gewaltige Naturereignisse werden genannt. Ereignisse, die wir kennen und auch in unserem Leben erfahren. Aber nicht in diesen großen Kräften erscheint Gott dem Elia, sondern in einem stillen, sanften Windhauch. So begegnet uns Gott. Er ist nicht der polternde, zornige und strafende Gott, der uns bis zuletzt fordert und unsere Grenzen aufzeigt. Gott ist auch nicht der Gott, der mit den Mitteln der Furcht und des Schreckens arbeitet. Nein, Gott ist der andere.

Er umgibt uns wie ein sanfter Windhauch. Er ist der stille Begleiter, der sanfte Weggenosse, der uns von allen Seiten umgibt, wie der Hauch eines Windes. Er ist nie aufdringlich, nicht gewaltig – aber spürbar. Er ist sanft, aber doch wirkungsvoll für alle, die sich auf ihn einlassen.

Diese biblische Geschichte soll uns deutlich machen, dass Gott wohl die Stürme geschaffen hat und Herr dieser Stürme ist. Doch er selbst begegnet uns nicht wie ein Sturmgott, um uns zu drohen. Er kommt anders zu uns. Er ist die Ruhe und Geborgenheit in unseren Stürmen. Er lässt uns

Wege finden in den Chaosfluten unseres Lebens. Er zeigt uns Perspektiven, auch wenn die Sturmschäden unübersehbar scheinen.

Gott wirkt anders, als wir oft denken. „Warum erhört er nicht unsere Gebete?“, klagen wir. Doch, er hat sie schon lange erfasst, aber auf seine Weise. „Warum greift er nicht mit Gewalt durch und ändert die Situation?“, fragen wir. Doch, Gott hat schon gehandelt hinter unserm Rücken, unscheinbar wie ein sanfter, stiller Windhauch. Wir aber sehen es nicht. Hoffentlich erkennen wir, sein wunderbares Wirken und bleiben nicht blind!

Stürme fordern uns heraus

Die Notwendigkeit der Stürme sehen wir wohl ein. Doch manches Mal fragen wir nach dem tieferen Sinn, von zu heftigen Stürmen. Vor allem, wenn es an unsere Grenzen geht. Wenn der Wind immer stärker wird, spüren wir ein Unbehagen. Die Angst bestimmt uns. Ähnlich ging es den Jüngern Jesu als sie mit ihm auf dem See Genezareth unterwegs waren. Sie kennen diese Geschichte. Jesus schlief auf einem Kissen. Ein mächtiger Sturm kam auf. Jesus schlief weiter. Im Boot saßen einige Fischer. Sie waren sturmerprobt und blieben zunächst ganz gelassen. Aber dann wurde es immer heftiger. Die Wellen schlugen höher und höher und die kräftigen Arme konnten das Boot nicht mehr wasserfrei halten. Jesus jedoch schlief weiter. Schließlich kamen auch sie an ihre Grenzen. Denn was nützt alle Erfahrung und Kraft gegen haushohe Wellen? Erst als sie diese Todesangst spürten, wandten sie sich an Jesus und weckten ihn.

Ich denke, das ist auch die Erfahrung in unserem Leben. Wir suchen erst dann die Hilfe Gottes, wenn wir an unsere Grenzen kommen. Wir fangen erst dann an zu beten, wenn wir mit unseren Mitteln nicht weiter kommen. Brauchen wir nicht die Stürme, die heftigen Stürme, damit wir Gott suchen und uns auf seine Hilfe besinnen? Brauchen wir nicht immer wieder diese Grenzerfahrung, damit uns bewusst wird: „Wir leben nicht aus eigener Kraft! Wir leben von der Kraft und Gnade Gottes.“ Brauchen wir nicht diese Herausforderungen, damit wir wieder ganz neu vertrauen? „Mein Leben ist Geschenk Gottes, und es ist ganz und gar geborgen in Gottes Hand.“

Ist es vielleicht sogar so, dass die Stürme des Lebens unsere Dächer abdecken müssen, ganze Landstriche verwüsten, ja dass sie Felsen zerbersten und riesige Bäume ausreißen müssen, nur damit wir die Frage stellen: „Was trägt uns letztendlich? Wo haben wir unser Fundament? Halten wir uns fest an Dingen, die vergänglich sind? Oder suchen wir uns ein Fundament im Glauben an den Herrn, der über Leben und Tod steht?

Martin Luther musste mehrmals in seinem Leben mit der Todesangst kämpfen. Mehrfach war sein Leben bedroht und auch das seiner Familie. In einer großen Existenz-Not fand er einmal Trost im Psalm 46: „Gott ist unsere sichere Zuflucht, ein bewährter Helfer in aller Not. Darum haben wir keine Angst, auch wenn die Erde bebt und die Berge ins Meer versinken. Der Herr der Welt ist bei uns, er ist unser Schutz! Gott selbst ist in unseren Mauern, nichts kann uns erschüttern. Er bringt uns Hilfe, bevor der Morgen graut. Der Herr der Welt ist bei uns, er ist unser Schutz!" Daraufhin hat er das ganz große „Mutmachlied" gedichtet: „Ein feste Burg ist unser Gott, eine gute Wehr und Waffen." Er hat die Erfahrung gemacht: Diese Welt kann dir alles nehmen: „Gut, Ehr, Kind und Weib" und dazu den eigenen Leib. Doch diese unsichtbare Geborgenheit Gottes, die Burg des Heils, die kann dir niemand nehmen. Auch der schlimmste Sturm deines Lebens nicht. So dichtete er: „Mit unsrer Macht ist nichts getan, wir sind gar bald verloren; es streit´ für uns der rechte Mann, den Gott hat selbst erkoren." (EG 362,2)

Ja, wir brauchen diese Stürme des Lebens, damit wir uns auf unser eigentliches Fundament unseres Lebens besinnen. Und wir brauchen sie, damit unser Glaube wächst und den Stürmen trotzt. Martin Luther hatte einen solch beeindruckenden Glauben, weil sein Leben eben voller Stürme war und diese Stürme ihn immer fester verwurzelt haben. Amen.

Donner (Hiob 36,22ff und 37,5)

Als ich mir erste Gedanken zu dieser Predigt machte, saß ich im Auto und erlebte einen gewaltigen Wolkenbruch mit Hagel, Donner und Blitz. Ich stand vor dem Krankenhaus, weil ich Besuche machen wollte. Doch der Himmel regnete in Sturzbächen. Irgendwie fühlte ich mich geborgen in meinem Auto. Doch als es immer heftiger kam, entstanden Furchtgefühle, der Zerstörungsmacht des Wetters ausgeliefert zu sein.

Als Kind war ich recht ängstlich. Vor Blitz und Donner fürchtete ich mich sehr. Ich übertrug diese Angst auch auf Gott. Ist das die zornige Stimme Gottes, wenn es donnert? Gebraucht Gott den Donner, um seine Macht zu demonstrieren?

Donner, Blitz und Gott

Unsere Vorfahren, die Germanen, glaubten an den Gott Donar (Thor). Er war der Gott des Donners. Sie waren überzeugt, dass er die Gewitter auslöse und dadurch den Winter aus ihrem Land vertreibe. Als mächtige und gefährliche Waffe dienten ihm Blitze, die er um sich schleuderte. Unsere

Vorfahren liebten diese Gottheit. Sie war in ihren Augen zwar mächtig, aber doch gut zu den Menschen.

An vielen anderen Stellen in der Bibel macht Gott sehr deutlich, dass er es nicht nötig hat, durch Blitz und Donner zu reden. Er ist kein Gott, der uns mit seiner Donnerstimme Angst macht. Es ist kein Gott der brüllt und mit der Faust auf den Tisch schlägt. Das wünschen wir uns zwar gelegentlich, dass Gott wie ein Donnerschlag einschreitet, wenn Unrecht geschieht. Doch das ist nicht der Stil Gottes. Er hat diese Demonstrationen der Macht nicht nötig. Er, der souveräne Gott, redet ruhig und verständlich, aber auch eindringlich.

Kein Donnergott, sondern der gute Hirte

Gott ist kein Blitz- und Donnergott. Er hat es nicht nötig, uns mit Donnergrollen zu erschrecken oder uns zu drohen. Das sind unsere menschlichen Angst-Bilder. Die Bibel macht uns vielmehr deutlich: Gott ist mächtiger als alle Gewalt der Natur, stärker als der hellste Blitz, mächtiger als der schlagende Donner und größer als jedes Erdbeben. Er ist ihr Schöpfer. Er hat sie ausgedacht, und sie gehorchen ihm. Er muss seine Macht nicht demonstrieren, er hat sie. Bei einem Blitz werden beispielsweise gewaltige Temperaturen frei: 30. 000 Watt, 100 Millionen Volt in einer wahnsinnigen Geschwindigkeit. Vor solchen Zahlen können wir nur staunen. Die meisten Blitze passieren allerdings zu unserem Schutz am Himmel. Nur 10 % kommen auf die Erde.

Das Buch Hiob beschreibt im 36. und 37. Kapitel, wie Gott über Blitz und Donner herrscht. Damit unterstreicht die Bibel, wie unvorstellbar groß und wunderbar mächtig Gott ist. Doch zugleich ist er voller Gerechtigkeit und Liebe, auch wenn wir ihn nicht verstehen. Adalbert Stifter (1805-1868) schrieb einmal: „Wenn der Blitz des Himmels, wenn die Wasser des Wolkenbruchs, wenn ein Erdbeben meine Hütte zugrunde richtet, so erkenne ich das Walten der Gottheit und trage den Verlust mit einem ruhigen Schmerz.“ Diese Achtung und Anbetung trotz Not und Verlust, die Stifter formuliert, ehrt Gott. Sie macht deutlich: ich kann Gott nicht das Wasser reichen, er ist der Souverän und ich bin nur der kleine Mensch. Blitze und Donner sind Teil der wunderbaren Natur unserer Erde. Auch in unserem Leben gibt es immer wieder einmal diese Blitze und Donner, diese Schicksalsschläge, die uns zunächst erschrecken und hilflos machen.

Wenn es in unserem Leben blitzt und donnert, dann möchte Gott nicht, dass wir uns angstvoll vor ihm zurückziehen. Sondern im Gegenteil, wir sollen ihn suchen. Wir dürfen ihn im Wissen suchen, dass er mächtiger ist als alle Blitze als alles Donnergrollen. Er ist der Herr dieser Gewalten. Bei ihm dürfen wir uns geborgen wissen, auch wenn es um uns herum noch so tobt und wir Todesängste erleben. Er ist nicht der Donnergott, sondern er ist der gute Hirte, der uns durch die Stürme führt. Amen.

5. Von dem Erleben der Natur
Bäume und Vögel, Brot und Salz

Bäume

Zu allen Zeiten fühlten sich Menschen mit Bäumen besonders verbunden und auch von ihnen angezogen. Viele Menschen haben ihren Lieblingsbaum. Die Baumgestalt ähnelt dem aufrecht stehenden Menschen, der mit offenen Armen in der Welt steht. Die Krone ist wie das Haupt und die Wurzeln wie die Füße. An den Jahresringen wird jedes Lebensjahr sichtbar. Auch der Mensch trägt Jahresringe, die uns die Zeit einprägt. Das Blühen und Fruchtbringen ist vergleichbar mit dem, was wir als Menschen in dieser Welt bewirken, eben gute und auch schlechte Früchte.

Besonders sprechen mich immer wieder Bäume an, deren Stamm krumm gewachsen oder durch den Sturm verbogen ist. Vor ihnen bleibe ich meistens stehen. Sie bringen mich zum Nachdenken. Es gibt eigentlich keinen Baum, mit einem so ganz geraden und ebenen Stamm. Das kennen wir auch aus unserem Leben: Zeiten der Stürme, Zeiten der Probleme, Zeiten in denen wir gebogen oder verkrümmt wurden. Doch unser Stamm brach nicht. Er wurde nur gefordert. Wir wurden an unsere Grenzen geführt. Das Leben ging weiter, doch es blieb diese kleine Verkrümmung, es blieb diese Wunde, die uns immer bekleiden wird. Die gekrümmten und gebeugten Bäume sprechen uns Mut zu. Normal ist nicht, dass alles glatt geht und das Leben in Geradlinigkeit verläuft. Die Krümmungen und die Wunden gehören zu unserem Leben dazu. Ja, sie machen unser Leben besonders und interessant.

Einmal stand ich fast anbetend vor einem Baum, der völlig schräg gewachsen war. Nur wenige Meter trennten seine Krone vom Boden. Trotzdem war er nicht umgekippt. Vielmehr hatten die Wurzeln ein gewaltiges Gleichgewicht gebildet. Fast jeder blieb vor diesem Baum stehen, und die Kinder hatten ihre helle Kletterfreude. Ja, es sind die Krümmungen, die uns zu besonderen Menschen machen.

Außen und innen gehören zusammen

Neben den Krümmungen, spricht uns beim Baum besonders seine Größe an. Für uns ragen sie in den Himmel und mit jedem Jahr ihres Lebens kommen sie diesem Himmel etwas näher. Doch sie können nur in den Himmel wachsen, wenn sie sich immer fester verwurzeln. Die Wurzeln müssen mitwachsen. Je höher die Zweige nach oben steigen, umso tiefer und weiter muss sich das Wurzelwerk verankern. Bäume ohne festes Wurzelwerk, werden schon bald Opfer von starken Winden und Stürmen.

Auch wir Menschen entwickeln uns nicht nur äußerlich. Auch der innere Mensch muss mit wachsen, muss sich entwickeln. Wir gebrauchen gerne das Wort Charakter, wenn wir spüren: ein Mensch ist nicht nur äußerlich, sondern auch innerlich gefestigt. Menschen mit Charakter sind wie ein hochgewachsener Baum, der den Stürmen trotzt, weil eben seine Wurzeln mitgewachsen sind. Menschen, die an ihren Grundprinzipien auch in wirren Zeiten festhalten, sind wie hoch gewachsene Bäume, die fest und tief verwurzelt sind. Die Größe eines Baumes hängt also unmittelbar mit seiner unsichtbaren Wurzelfestigkeit zusammen. Das macht uns deutlich: wahre Größe ist nicht nur äußerlich. Wahre Größe zeigt sich vor allem im Inneren und in der Tiefe des Charakters!

Ruhe und Kraft des Baumes

Der Baum im Frühling, Sommer und Herbst ist vor allem ein Bild für das Leben, für die Lebendigkeit. Die besondere Faszination geht von der Blätterwelt, den Früchten und den Ästen aus. Wer hat sich nicht schon einmal gewundert, dass von den abertausenden von Blättern keines genauso wie das andere ist. Wer hat das noch nicht genossen, unter einem alten Baum zu liegen und dem Spiel der endlosen Verzweigungen und Verästelungen nachzugehen. Wer von uns hat nicht schon Schutz unter einem Baum gefunden. Entweder vor plötzlichem Regen oder vor der stechenden Sonne oder einfach von der Schönheit des Baumes angezogen. Das unterstreicht das alte Volkslied von Wilhelm Müller (1794-1824): „Am Brunnen vor dem Tore, da steht ein Lindenbaum. Ich träume in seinem Schatten so manchen süßen Traum. Ich schnitt in seine Rinde so manches liebe Wort. Es zog in Freud und Leiden zu ihm mich immer fort. Ich musst auch heute wandern vorbei in tiefer Nacht, da hab ich noch im Dunkeln die Augen zugemacht und seine Zweige rauschten, als riefen sie mir zu, komm her zu mir Geselle, hier findest du die Ruh."

Von Bäumen geht eine Kraft aus. Bäume schenken uns Ruhe. Deshalb befinden sich unter vielen Bäumen Ruhebänke. In den Dörfern gab es früher oft die Dorfeiche oder Dorflinde mit einer Bank, wo man sich am Abend traf und diese Ruhe des Baumes in sich aufnahm. Von den Bäumen geht eine Kraft aus, eine Kraft, die der Schöpfergott in den Baum hineingelegt hat, eben die Ruhe, die einlädt inne zu halten, die vielleicht auch einlädt ein Gebet zu sprechen. Auch von uns Menschen gehen Kräfte aus: Manche verbreiten Unruhe und Hektik, mache verunsichern uns oder machen uns Angst. Doch es gibt auch Menschen wie Bäume. Von ihnen gehen Ruhe und Hoffnung aus. Sie tun uns gut. Sie geben uns etwas. Sie bringen uns selbst zur Ruhe, sie schenken uns Hoffnung. Es sind Menschen, die eine Ausstrahlung haben. Es sind Menschen, die in sich selbst ruhen. Es sind Menschen wie ein gesunder Baum.

Der Baum hat einen sichtbaren und einen unsichtbaren Bereich. Zum unsichtbaren Bereich zählt vor allem das Wurzelleben. Ohne Wurzeln gibt es kein Leben auf Dauer. Ohne tiefe Wurzeln gibt es keine Ausstrahlung. Die Bibel vergleicht den Menschen, der seine Hoffnung und Zuversicht auf Gott setzt, mit einem Baum, der seine Wurzeln weit gespannt hat bis zu den Wasserbächen und Wasseradern. Selbst wenn über Monate hinweg die Sonne brennt, so werden seine Blätter nicht welken. So ist der Mensch, der aus Gott sein Leben schöpft. Gott ist für ihn eine Quelle, die nie versiegt. Auch in dunklen Zeiten, auch in schwierigen Konflikten schenkt er Kraft zum Leben und zum Überwinden. Das unterstreicht Psalm 1,3. Er macht uns deutlich, wenn wir Freude am Wort Gottes haben und es unser Leben begleitet, dann sind wir wie ein Baum, der direkt am Wasser steht, „er bringt seine Früchte zur rechten Zeit und sein Laub welkt nicht und was er beginnt, das gelingt." (Menge Bibel). Genau das ist oft das Geheimnis von Menschen, die uns gut tun. Etwa von Mitmenschen, die Ruhe ausstrahlen. Sie haben in Gott eine innere Geborgenheit gefunden. Ihre Wurzeln haben Zugang zur geistlichen Quellen der Tiefe. Sie haben die Kraft des Glaubens und die Kraft erfahren, die von den Worten Gottes ausgehen. Sie sind eben wie Bäume, die am Wasser stehen.

Baum steht zwischen Himmel und Erde

Der Baum hat einen sichtbaren und einen unsichtbaren Bereich. Auch wir leben in zwei Dimensionen. Wir sind Menschen dieser Welt, aber doch zugleich Kinder Gottes. Unsere Heimat ist die Erde, doch unser eigentliches Zuhause finden wir bei unserem Vater im Himmel. Wir stehen mit beiden Beinen in der Welt und haben feste Wurzeln geschlagen. Doch unser Stamm richtet sich nach oben aus. Dorthin, wo wir unseren letzten

Sinn erhalten. Der auf Gott gerichtete Mensch steht wie ein Baum zwischen Himmel und Erde; unerschütterlich, auch wenn manche Lebensstürme uns verbiegen und die Richtung nehmen wollen, ja uns bis an unsere Grenzen herausfordern. Wir sind verwurzelt in unserer Welt, in unserer Bestimmung des Lebens, aber doch kennen wir eine noch höhere Wirklichkeit.

Aufrecht mit festem, manches Mal auch verkrümmtem Rückgrat gehen wir durch dieses Leben. Wie der Baum öffnen wir unsere Hände, den Willen Gottes zu suchen in den vielen Situationen und Konflikten des Lebens. Wir wissen von der Lebensquelle und dahin strecken wir unsere Wurzeln aus. Wir öffnen unsere Arme für diese Welt, aber auch für die Wirklichkeit Gottes. Wir kennen die beiden Dimensionen des Lebens: das Oben und Unten, das Irdische und Geistliche, die Welt und den Himmel, das Leben und das andere Leben. Diese Haltung macht uns zu Bäumen des Lebens. Bäume, die unserer Welt etwas von der Ruhe, der Freude und vom Frieden Gottes weitergeben; „Bäume, die gepflanzt sind an den Wasserbächen Gottes, die Frucht bringen zu ihrer Zeit, ihre Blätter verwelken nicht und was sie tun gerät wohl.“ Amen.

Vögel

„Immer wieder einmal ergreift auch den Menschen eine gewisse Sehnsucht, sich hinauf zu schwingen, und frei wie der Vogel über lachende Gefilde, schattige Wälder und spiegelnde Seen dahin zu gleiten und die Landschaft so voll und ganz zu genießen, wie es sonst nur der Vogel vermag. Wer hat nicht schon bedauert, dass der Mensch bis jetzt der Kunst des freien Fliegens entbehren muss?“ So schrieb Otto Lilienthal (1848-1896), der erfinderische Vater des Flugzeugs.

Vögel sind besonders geschätzte Mitgeschöpfe. Sie beherrschen in einer Leichtigkeit und Beweglichkeit den Luftraum und bringen uns immer wieder zum Staunen. Eine hohe Felswand, die für die meisten von uns unüberwindlich scheint, erklimmt ein Vöglein ohne irgendeine Anstrengung. Durch das muntere Gezwitscher und durch die bunten Vogelstimmen haben wir den Eindruck, diesem lustigen Gefieder gehe es immer gut. Scheinbar sind sie immer fröhlich und stecken andere damit an. Außerdem finden wir sie als Menschen schön, besonders wenn ihr Feder-kleid mit Farben gestaltet ist.

Auch in der Bibel spielen die Vögel eine wichtige Rolle und überwinden schwierige Grenzen. Nach der Sintflut wird eine Taube ausgesandt. Sie bringt ein Olivenblatt mit und verkündet damit, dass die schreckliche Flut nun zu Ende ist. Hinfort wird sie zur Friedenstaube bis heute. Später wird ein Rabe für den Propheten Elia zum lebensrettenden Engel. Er musste vor der Königin fliehen und bangt nun um sein Leben. Ein Rabe bewahrt ihn vor dem Sterben und bringt ihm das tägliche Brot. So wird der Rabe zum Diener Gottes und zum Lebensretter. In der Bergpredigt (Matthäus 6,26) dienen die Vögel Jesus als Beispiel für starkes Vertrauen. Er fragt: Warum sorgt ihr um euer Leben. „Seht euch die Vögel an! Sie säen nicht, sie ernten nicht, sie sammeln keine Vorräte – aber euer Vater im Himmel sorgt für sie. Und ihr seid ihm doch viel mehr wert als die Vögel!"

Vogelperspektive

Auch in unserem Alltag können wir uns von den Vögeln einiges abschauen: Sie kennen alle die „Sackgasse". Ich bin einen Weg gegangen und plötzlich geht er nicht mehr weiter. Es gibt kein Vorwärts und manches Mal nicht einmal ein Zurück. Ich merke: Ich habe mich verrannt: Keine Perspektive, kein Land. Immer denke ich nur in die eine Richtung, doch die ist mir verbaut. „Wenn ich ein Vöglein wär …", dann könnte ich mich aufschwingen. Ich könnte meine Froschperspektive verlassen und die Vogelperspektive einnehmen. Wie wir alle wissen, sieht von oben alles anders aus. Plötzlich werden große Hindernisse klein und neue Wege, die wir vorher nicht wahrgenommen haben, werden nun sichtbar.

Leider sind wir keine Vögel. Aber ich habe schon öfters einen ähnlichen Perspektivenwechsel erlebt. Ich sitze in meiner Sackgasse und fange an zu beten. Schon allein durch mein Beten ändert sich mein Blickwinkel. Ich schaue nicht mehr vor oder zurück. Ich richte meinen Blick zu dem, von dem alles herkommt Ich gestehe mir ein: Ich bin mit meine Möglichkeiten am Ende. Ich benötige Hilfe von außen. Ein Gebet kann Flügel verleihen. Durch das Vertrauen auf Gott, löst sich mein starrer Blick. Ich werde gelassen und hoffe auf eine Hilfe, die ich jetzt noch nicht ausmachen kann. Wenn ich bete, dann verhalte ich mich wie ein Vogel. Von der Froschperspektive steige ich auf und suche die Vogelperspektive. Vielleicht gibt es keine rasche Änderung, aber ich sehe alles mit anderen Augen. Es kommt Bewegung in eine festgefahrene Situation. Unser erstes Bild formuliert: Suche die Vogelperspektive! Habe Mut zu einem Perspektivenwechsel! Suche Gott im Gebet und bitte um eine Vogelperspektive und um eine Sicht, die neue, helfende Wege öffnet.

Kraft der Adlerflügel

Von den zarten Vöglein komme ich nun zu den beeindruckenden Greifvögeln. Die Kraft ihrer Schwingen sprechen uns an. Beim Propheten Jesaja 40,31 wird die Kraft der Adlerflügel zum Bild des Glaubens: „Männer werden müde und matt, und selbst Jünglinge straucheln und fallen. Aber die auf den Herrn harren, kriegen neue Kraft, dass sie auffahren mit Flügeln wie Adler, dass sie laufen ohne matt zu werden, dass sie gehen und nicht müde werden." Haben Sie schon einmal einen Adler dahinschweben sehen? Wenn er sich auf dem Felsen niedergelassen hat oder auf einem Feld, dann mutet uns das neue Aufsteigen wie ein Wunder an. Denn er bringt einiges Gewicht mit. Das ist ein Bild für die Zeiten unseres Lebens, in denen uns schwere Lasten aufgelegt sind. Lasten, die uns den Glauben schwer machen und unsere inneren Flügel erlahmen lassen. „Die auf den Herrn harren", beginnt das Prophetenwort. Ausharren, Geduld haben, erscheint uns zu wenig in solchen Situationen. Wir wollen handeln, wir wollen eine rasche Veränderung. Es muss sich etwas bewegen, und zwar sofort! Auch wenn wir beten, erwarten wir eine schnelle Abhilfe. Doch hier lesen wir: „Die auf den Herrn harren". Harren ist etwas Langwieriges. Harren braucht Zeit. Harren ist hier das Erfolgsrezept. Wenn Du alles getan hast. Wenn Du müde geworden bist von deinen Mühen. Wenn Du mit deinen Möglichkeiten nicht weiterkommst. Dann höre diese Worte: „Aber die auf den Herrn harren, kriegen neue Kraft, dass sie auffahren mit Flügeln wie Adler, dass sie laufen ohne matt zu werden, dass sie gehen und nicht müde werden." Die Kraft der Adlerflügel fliegt uns nicht zu. Die Kraft der Adlerflügel wächst im Harren – im Vertrauen auf Gott, im geduldigen Warten.

Danklied am Morgen

Wie gerne kommt uns im Frühling das Lied in den Sinn von Hoffmann von Fallersleben (1798–1874). „Alle Vögel sind schon da". Dort dichtet er in der dritten Strophe: „Was sie uns verkünden nun, nehmen wir zu Herzen: Wir auch wollen lustig sein, lustig wie die Vögelein..." Hat ein Vogel keine Sorgen? Ich denke schon. Wenn ein Unwetter aufzieht, wenn die Dunkelheit sich ausbreitet, dann verstummen die Vögel. Es kann dann in der Natur eine gespenstische Ruhe einkehren. Auch unsere munteren Sänger haben ihre dunklen Stunden. Doch das scheinen wenige zu sein. Denn ehe die Sonne ihre ersten Strahlen schickt, beginnt der Vogel seinen hoffnungsvollen Gesang. Und er verstummt nicht bis zur Dunkelheit. O könnte ich doch von diesem Gesang mir etwas in mein Gemüt schreiben und wie die Vögel jede freie Stunde nutzen, um ein Lied anzustimmen. Otto Lilienthal hat das Fliegen von den Vögeln gelernt. Uns täte es gut, wenn wir die Fröhlichkeit und Dankbarkeit von ihnen lernen. Vielleicht sollten wir es den Vögeln nachahmen: Jeden neuen Tag mit einem kleinen Lied beginnen oder wenigstens eine Melodie pfeifen. Wenn die Stimme noch zu sehr im Keller steht, genügt auch ein kleiner Dank nach oben. Etwa so ...: „Herr, ich danke dir, dass ich gesund bin, dass ... die Sonne scheint, ... es jemanden gibt, der mich mag,... ich glauben darf ..." Sie werden staunen, was Ihnen noch alles einfällt.

„Im Danken kommt Neues ins Leben hinein" heißt es im Lied: „Vergiss nicht zu danken dem ewigen Gott" (EG 602). Das Neue, Erfrischende, Verändernde und Schöne kann auch dann kommen, wenn wir frei werden, mit den Vögeln zu singen, zu danken oder einfach zu pfeifen. Immer wenn wir das Zwitschern eines Singvogels hören, ist das eine Aufforderung an uns: Stimme ein, singe mit, danke deinem Schöpfer, lass den Tag nicht vergehen ohne Gebet.

Brot (Johannes 6,35)

Brot ist unser Grundlebensmittel. Wir beten im Vaterunser: „Unser tägliches Brot gibt uns heute." Nur wenn wir jeden Tag genug Brot haben, dann können wir überleben. Das klingt für uns befremdend. Denn so etwas wie eine Hungernot kennen wir nicht mehr. Doch unsere Großeltern, die noch den Krieg erlebt haben, wissen genau, was ich meine. Sie kennen noch ganz andere Zeiten. Die Zeiten des Krieges und der Hungersnot. Bestimmt haben sie euch davon erzählt. Eine Oma erzählt: „Ein Stück Brot, das war für uns Kinder wie der Himmel. Wie waren wir glücklich, über ein Stück Brot – ohne Butter und Wurst und es ging uns gut." Als Nachkriegskind habe ich diese Zeiten nicht mehr erlebt. Doch für uns Kinder war das ein schweres Vergehen, ein Stück Brot wegzuwerfen. Das geht mir bis heute so. Brot wegwerfen, ist mir nicht möglich. Es ist für mich kostbar und heilig. Wie leide ich, wenn ich im Müll ein Stück Brot sehen muss!

Brot des Lebens

Jesus spricht nun auch vom Brot. Er sagt, ich bin das Brot, das eure Seele braucht. Damit meint er, so wichtig wie das Brot für euren Magen ist, damit er nicht hungern muss, so wichtig bin ich für eure Seele. Ich gebe euch das, wonach die Seele sich sehnt. Junge Menschen verstehen das nicht.

Sie sagen, das ist mir ja ganz neu, dass auch meine Seele Hunger hat und Brot braucht. Ich versuche ihnen dann zu erklären: „Eure Eltern haben euch bisher beides gegeben. Sie haben dafür gesorgt, dass ihr immer genug zu essen habt und sie haben auch für eure Seele gesorgt. Sie haben euch Geborgenheit geschenkt und ein gutes Zuhause. Sie haben euch gezeigt, dass ihr geliebt seid. Sie haben euch in die Arme genommen, wenn ihr Angst hattet. So wurde der Hunger eurer Seele nach Geborgenheit, Sicherheit und Liebe gestillt."

Erst als Jugendliche wird uns der Hunger, die Sehnsucht unserer Seele, stärker bewusst. Wir machen die Erfahrung, dass wir genug zu essen haben, dass es uns finanziell gut geht, dass wir erfolgreich sind, aber trotzdem unsere Seele Hunger leidet. Ja, wir können sehr glücklich verheiratet sein und trotzdem leidet unsere Seele. Denn der Hunger unserer Seele ist nicht so leicht zu stillen. Wir spüren, dass unsere Seele den Himmel sucht, und sie wird sich erst dann zufrieden geben, wenn sie diesen Himmel gefunden hat.

Vielleicht schauen Sie auch ab und zu Werbung. Bei diesen Werbefilmen werden uns oft himmlische Gefühle vermittelt. Kauf dir dieses Auto, dann fährst du wie im Himmel. Verspeise diese Schokolade oder dieses Markenprodukt, dann wirst du in den Himmel versetzt. Auch Versicherungen werben mit Himmelsgefühlen und versprechen uns eine sorgenfreie Zukunft. Doch unsere Seele wird von schönen Gefühlen nicht satt. Sie braucht mehr. Sie braucht die Begegnung mit dem lebendigen Gott. Nicht mehr und nicht weniger.

Genau das verspricht uns Jesus (Johannes 6,35): „Ich bin das Brot, das Leben schenkt. Wer zu mir kommt, dessen Seele wird nie mehr hungrig sein." An zwei kleinen Geschichten will ich das näher erläutern.

Vielleicht habt ihr schon vom Kirchenvater Augustin gehört. Er lebte von 354-430. Seine Mutter war Christin. Doch der junge Augustin, wollte vom christlichen Glauben nicht viel wissen. Er war sehr klug, hatte viele Fähigkeiten und sah auch recht gut aus. Er genoss sein Leben, ihm wurden viele Türen geöffnet und auch die Herzen von schönen Frauen. Er studierte Philosophie und Rechtswissenschaften und las viele Bücher. Als junger Wissenschaftler erwarb er sich ein hohes Ansehen. Doch der Hunger seiner Seele wurde nicht gestillt. Alles gelang ihm, doch für seine Seele fand er keinen Frieden. Eines Tages hatte er ein besonderes Erlebnis. Er hörte einen Jungen im Garten des Nachbarn, der rief: „Nimm und lies!" Für ihn war das wie die Stimme Gottes, als sagte sie ihm: „Nimm und lies in der Bibel." Er begann die Bibel seiner Mutter zu lesen. So las er auch unser Bibelwort: „Ich bin das Brot, das Leben schenkt. Wer zu mir kommt, dessen Seele wird nie mehr hungrig sein.“ Durch diese Worte war seine Suche an ein Ziel gekommen.

Augustin kam zum Glauben an Jesus Christus, und er wurde Bischof. Später schrieb er in seinen Bekenntnissen: „Unsere Seele ist unruhig in uns, bis sie bei dir, Gott, Ruhe findet.“ Augustin hat das erlebt, was viele Menschen spüren. Unsere Seele sucht den Himmel. Sie kommt erst zur Ruhe, wenn sie den Glauben gefunden hat und vertrauen kann, dass mein Leben im Leben und im Sterben in Gottes Hand geborgen ist.

Im 19. Jh. lebte die Fürstin Reuß (1835-1903). Sie war reich und erlebte den Himmel auf Erden. Sie hat ein Lied gedichtet, das beschreibt ihr Leben auf der Suche nach dem höheren Himmel. Sie hatte genug Brot für den Leib. Doch ihre Seele litt Hunger. Jesus Christus wurde für sie das Brot, das den Hunger ihrer Seele stillte. Das beschreibt sie in ihrem Lied (EG 621): „Ich bin durch die Welt gegangen, und die Welt ist schön und groß; und doch ziehet mein Verlangen mich weit von der Erde los. Ich habe die Menschen gesehen, und sie suchen spät und früh. Sie schaffen, sie kommen und gehen, und ihr Leben ist Arbeit und Müh. Sie suchen, was sie nicht finden in Liebe und Ehre und Glück, und sie kommen belastet mit Sünden und unbefriedigt zurück. Es ist eine Ruhe vorhanden für das arme, müde Herz. Sagt es laut in allen Landen: Hier ist gestillet der Schmerz! Es ist eine Ruhe gefunden für alle fern und nah: In des Gotteslammes Wunden am Kreuze von Golgatha!“ Amen.

Salz (Matthäus 5,13)

Vor langer Zeit lebte ein König. Er hatte drei Töchter und war alt geworden. Wegen seines Alters machte er sich Sorgen um die Zukunft seines Reiches. So fragte er sich, welche Tochter wohl am besten geeignet sei, ihm auf dem Thron nachzufolgen. Er beschloss, die drei Töchter zu fragen, wie sehr sie ihn lieben. Denn Königin sollte die Tochter werden, die ihn am meisten liebt und die seine Macht am besten würdigt. Die erste Tochter antwortete ihm: „Ich liebe dich wie Gold!“ Die zweite Tochter sagte: „Ich liebe dich wie Edelsteine!“ Die dritte Tochter Maruschka schätzte er besonders. Sie war schon seine heimliche Nachfolgerin. Doch sie gab eine Antwort, die ihm fast vom Stuhl schmiss. Sie sagte nämlich selbstbewusst: „Ich liebe dich wie Salz.“

Salz war damals viel wertvoller als heute. Man nannte es auch das weiße Gold. Doch der König war erschüttert: „Meine Lieblingstochter liebt mich wie Salz. Einmal in die Suppe gestreut, schon ist es weg. Bin ich ihr so wenig wert?" Der König war so erschüttert, dass er alles Salz in seinem Reich wegschaffen ließ. Salz gab es nicht mehr in diesem Land. Nur noch Zucker. Maruschka musste sich verstecken und um ihr Leben bangen. Sie verbarg sich bei einer Fee. Es dauerte nicht lange, da bekam der König von dem vielen Zucker gesundheitliche Probleme. Auch das Wohlbefinden seiner Untertanen verschlechterte sich immer mehr.

Bald wurde bekannt, dass der König schwerkrank sei und nur noch im Bett liege. Die Fee sagte nun zu Maruschka: „Deine Zeit ist gekommen." Als Maruschka aufbrach, steckte sie ihr eine Scheibe Brot und einen Salzstreuer in ihre Tasche. Nach ihrer Ankunft bestrich sie das Brot mit Butter und streute etwas Salz darauf. Der König nahm es. Zunächst aß er wenig, doch dann biss er kräftiger zu. Seine kranken Augen begannen wieder etwas zu leuchten und bald wurde er gesund.

Salz ist lebenswichtig

Die Geschichte zeigt, dass Salz oft unterschätzt wird. Auch bei uns ist Salz ganz billig zu haben. Ein Päckchen schon für wenige Cents. Doch Salz ist kostbar, das macht diese Geschichte deutlich. Als Menschen brauchen wir jeden Tag etwa sechs Gramm Salz, das sind im Jahr etwa zwei Kilo. Ohne Salz werden wir krank. Salz ist für uns überaus lebenswichtig.

Salz der Erde

„Ihr seid das Salz der Erde!" (Matthäus 5,13) Das sagte Jesus damals zu seinen Jüngern. Heute gelten uns seine Worte: „Du bist das Salz der Erde." Er sagt nicht: „Du sollst das Salz der Erde sein." Er sagt auch nicht: „Strenge dich an, damit du Salz wirst." Nein, er sagt: „Du bist es schon. Du bist das Salz der Erde. Die Salzkraft steckt in dir. Ich habe sie dir mitgegeben bei deiner Geburt. Die Salzkraft steckt in dir. Ja, in dir sind ganz tolle Fähigkeiten angelegt, Fähigkeiten und Möglichkeiten, die du vielleicht noch nicht kennst. Und dein Gott will dir helfen, dass diese deine Anlagen sich entfalten können, dass sie zur Wirkung kommen. Öffne dein Leben für mich. Lass die Kraft Gottes in dir wirken, dann wirst du spüren, welche Kraft in dir steckt, dann wirst du spüren, was du alles bewegen kannst. Ja, du wirst spüren, dass du mit der Hilfe Gottes Erstaunliches bewirken und deine Welt verändern kannst."

Salz macht guten Geschmack

Ich habe euch etwas Salz mitgebracht. An was denkt ihr zuerst. Das Salz in der Suppe. Habt ihr schon einmal eine Suppe versucht, bei der man das

Salz vergessen hat. Die schmeckt fad und geschmacklos. Da genügt schon eine Prise Salz und schon verändert sich die Geschmackswelt und aus einem „Bäh“ wird ein „Hmm – schmeckt das gut“. Genau das schenkt uns der Glaube an Gott. Durch uns wird die Welt, die manches Mal so geschmacklos ist, genießbar und gut.

Da sitzen sie zusammen, Theo, Peter und Klaus, nach einem verlorenen Fußballspiel. Jeder schiebt die Schuld auf den andern. Eine ganz miese Stimmung voller Frust und Resignation. Dann kommt Martin. Er lächelt und sagt: „Na, war doch gar nicht so schlecht. Mit etwas mehr Glück hättet ihr sie schlagen können. Wir müssen die Verteidigung noch etwas stärken und der linke Flügel braucht mehr Zuspiel.“ So streut er etwas Salz in die fade Suppe und schon kommt es zum eifrigen Gespräch. Nun schmeckt die Suppe. Am Ende steht nicht mehr Frust, sondern es keimt Hoffnung auf. So möchte Gott uns gebrauchen. Als Menschen, die einen guten Geschmack bringen. Wie viele Gottesdienstbesucher kommen mit einem Lächeln in die Kirche oder mit einem freundlichen Händedruck, vielleicht haben sie ein Mut machendes Wort auf der Zunge. All das wirkt wie eine Prise Salz, und es entsteht eine Atmosphäre voller Hoffnung und Freude.

Salz bringt Eis zum Schmelzen

Doch Salz kann noch mehr. Gehen wir einmal ein halbes Jahr zurück. Glatteis. Wie kostbar ist da eine Hand voll Salz. In wenigen Sekunden bringt es das Eis zum Schmelzen und bannt die Gefahr, dass wir ausrutschen und hinfallen. Genau das bewirkt auch unser Glaube an Jesus Christus. Er bringt das Eis unseres Herzens zum Schmelzen. Er macht Liebe und Versöhnung möglich, wo wir voller Hass sind.

Bestimmt kennt ihr die bekannte Geschichte, die uns Jesus in Lukas 15 erzählt: Da war Eiszeit zwischen Vater und Sohn, denn dieser hatte vorzeitig sein Erbe verlangt und war damit davongeeilt. In kurzer Zeit hat er alles verprasst. Das ganze Geld, das der Vater mühsam sich erarbeitet hat. Das kann ja nicht mehr gut werden. Alles vereist. Ein Winter ohne Ende. Doch der Vater ist anders. Er lässt das Eis seines Herzens schmelzen. Er gibt der Liebe und der Vergebung Raum. Als der Sohn voller Reue zurückkehrt, findet er nicht ein Herz voller Eis, sondern die Wärme der Liebe und der Vergebung. Das möchte der Glaube auch uns schenken.

Gott will durch uns wirken, uns Liebe schenken, wo man sich hasst. Er will uns ein mutiges oder klares Wort zum rechten Zeitpunkt in den Mund legen, dann schmilzt der Stolz, dann fallen Mauern und Vergebung bekommt Raum. Oft beginnt es schon damit, dass wir anfangen, für Menschen zu beten und bitten, dass er harte und vereiste Herzen schmelzen lässt und Versöhnung und Frieden stiftet.

Salz macht wertvoll

Noch ein letztes zum Salz. Wenn wir etwas haltbar machen wollen, dann legen wir es in Salz ein. Ein Stück Fleisch oder Fisch, das in Salz eingelegt wird, verdirbt nicht, sondern wird viele Tage haltbar. Die Salzkraft macht also Dinge wertvoll. Genau das schenkt uns auch der Heilige Geist, wenn wir uns für ihn öffnen. Er gibt uns Augen für das wirklich Wertvolle im Leben.

Martin Luther wollte wissen, was wirklich wertvoll ist im Leben. Er ging bis an seine eigenen Grenzen. Wochenlang fastete er betete stundenlang auf seinen Knien. Er schlug sich selbst, um Disziplin zu lernen. Er ging wirklich aufs Ganze – weil er unbedingt wissen wollte, was das wirklich Wertvolle sei. Seine Erkenntnis hat er zusammengefasst in den berühmten drei Soli: sola scriptura, sola fide und solus christus. Er hatte erkannt: die Heilige Schrift, der Glaube und Jesus Christus sind die wertvollsten Dinge unseres Glaubens. Diese Gaben hat er weitergeben und wurde somit zum Salz der Erde. Bis heute sind wir Luther für diese klare und hilfreiche Botschaft dankbar.

Am Anfang hörten wir das Märchen von Maruschka. Für den König schien das Salz wertlos. So könnte es auch uns ergehen, dass uns der Glaube und die Bibel wertlos erscheinen. Und trotzdem steckt darin die Kraft des Salzes. Wir dürfen unsere Berufung durch Jesu annehmen, Salz der Erde zu sein. Amen.

6. Von unserer Stimme
Reden, Lügen, Beten, Preisen

Reden

Haben Sie heute schon einmal gezählt, wie viele Wörter Sie gesprochen haben? Können Sie Ihre Wörter zählen? Es gibt die Verschwiegenen unter uns, die vielleicht heute mit einem kurzen Gruß ausgekommen sind, vielleicht mit nur zwei Worten: „Guten Morgen". Doch andere haben ein stärkeres Redebedürfnis. Vielleicht waren es heute schon 1.000 oder 2.000 Wörter? Kaum einer von uns wird seine Wörter zählen. Es ist uns selbstverständlich, dass wir reden.

Das Redenkönnen und Redendürfen ist uns als Menschen ein Bedürfnis. Reden ist für uns wie ein Lebenselixier. Wenn wir reden können und gehört werden, geht es uns gut. Sind wir zum Schweigen verurteilt, fällt uns das schwer. Zum Beispiel, wenn wir alleine sind und uns niemand anruft. Oder wenn uns krankheitsbedingt die Stimme versagt. Wir fühlen uns dann behindert und isoliert.

Reden ist ein Segen, ein Geschenk des Himmels. In der Bibel finden wir allerdings zum Thema Reden auch einige kritische Anmerkungen. Es ist beim Reden so wie mit vielen wertvollen Dingen im Leben, sie sind Gabe und Aufgabe zugleich. Sie stehen zwischen Segen und Fluch! Im Buch Sirach 5,15 wird das so zusammengefasst: „Denn Reden bringt Ehre, aber Reden bringt auch Schande; und der Mensch kommt durch seine eigne Zunge zu Fall."

Aufrichtig reden ohne zu verletzen

Jesus hat sich in der Bergpredigt (Matthäus 5,37) über das Reden geäußert: „Eure Rede sei ja, ja und nein, nein, alles andere stammt vom Bösen." Damit meinte er: Redet aufrichtig! Das innere Ja, das Ja eures Herzens, soll mit dem Ja eurer Zunge übereinstimmen. Wenn ihr Nein sagt, dann sollen zugleich der Mund und das Herz sprechen. Fangt nicht an, mit dem Mund zu reden und im Herzen ganz andere Gedanken zu bewegen. Seid aufrichtig, seid identisch mit euch selbst, euer Ja, sei ein ganzes Ja und euer Nein ein ganzes Nein. Dieses aufrichtige Reden von Herz und Mund ist nicht leicht. Denn wir sind alle von Natur aus immer wieder innerlich gespalten und es schlagen zwei Seelen in unserer Brust. Wie oft reden wir anders als wir denken, uns fehlt diese innere Aufrichtigkeit. An dieser Wahrhaftigkeit gilt es immer wieder neu zu arbeiten, nämlich wirklich das zu sagen, was wir denken und auch in unterschiedlichen Situationen unser Fähnchen nicht nach dem Wind zu hängen.

Ganz selbstverständlich reden wir z.B. über andere ungeschützt, wenn sie nicht anwesend sind. Wir würden wohl aber anders artikulieren, wenn sie neben uns stehen würden. Aufrichtig reden bedeutet aber, dass wir nicht so und dann anders reden. Wenn wir unbedingt von anderen sprechen müssen, dann so, dass sie neben uns stehen könnten. In Sprüche 16,13: wird uns verdeutlicht, dass aufrichtiges Reden bei den Mitmenschen positiv ankommt. Es ist nicht nur so, dass wir Gottes Willen erfüllen, wenn unser Reden aufrichtig und echt ist, sondern auch unsere Mitmenschen spüren uns diese Aufrichtigkeit ab, und sie werden uns deshalb lieben und achten. Unsere Welt braucht Aufrichtigkeit, und innere Wahrheit, weil sie so kostbar ist.

Zur rechten Zeit reden

Ein wichtiges Thema in der Bibel ist das Reden zur rechten Zeit. Ich zitiere dazu zunächst ein Bild aus Sprüche 25,11: „Ein Wort geredet zur rechten Zeit ist wie ein goldener Apfel auf einer silbernen Schale." Das passende Wort am rechten Ort, ist wie ein kostbarer Schatz. Bestimmt haben Sie das auch schon erlebt. Nur ein kleines Wort, doch es passt. Es war genau das, was wir gebraucht haben. Ein Wort wie aus einer anderen Welt. Als hätte Gott direkt zu uns gesprochen. „Ein Wort geredet zur rechten Zeit ist wie ein goldener Apfel auf einer silbernen Schale."

Doch es gibt auch die gegenteilige Erfahrung, die Sirach (20,1) verdeutlicht: „Auch wenn ein Mensch etwas Richtiges sagt, wird es doch nicht gehört, denn er spricht nicht zur rechten Zeit." Das ist uns auch vertraut, gut gemeinte Worte, richtige Erkenntnisse und doch kommen sie nicht an, denn es ist nicht die rechte Zeit und der rechte Ort. Ich denke da an bestimmte Krankenbesuche mit einer schlimmen Diagnose. Und dann beim Abschied die aufmunternden Worte: „Es wird schon wieder werden!" – Ein gutgemeintes Wort und doch nicht zur rechten Zeit. Hier wären wohl ein Schweigen und ein stilles Gebet eher angebracht. Es gibt Augenblicke, da ist Schweigen Gold und Reden Blech. Das Reden zur rechten Zeit, das sollte uns also wichtig sein und das will Gott uns schenken. Worte, die zur rechten Zeit gesprochen werden, sind „wie ein goldener Apfel auf einer silbernen Schale."

Doch wie spüren wir, ob wir reden oder schweigen sollen und wie finden wir die passenden Worte? Denn normalerweise sind wir überfordert, den richtigen Zeitpunkt zu erkennen und die passenden Worte zu formulieren.

Wir dürfen hier nicht allein auf unsere eigene Erfahrung und unsere Einsicht vertrauen. Es ist gut, vor allem bei unserem Reden immer wieder die Hilfe Gottes zu suchen. Wir dürfen Gott bitten, dass er uns die rechten Worte zur rechten Zeit schenkt.

Auch davon erzählt die Bibel, wie Menschen Gott bitten, bevor sie reden, dass Gott ihnen Weisheit schenkt: „Der Mensch denkt sich manches aus im Herzen, doch vom Herrn kommt die Antwort auf der Zunge. Befiehl dem Herrn dein Reden an, so werden deine Vorhaben gelingen." (Sprüche 16,1ff). Wir dürfen Gott unsere Schwachheit anvertrauen. Wir dürfen ihn bitten, uns zu helfen. Und Gott wird uns beistehen und Worte schenken, die uns oft selbst überraschen. Die Witwe Judith stand vor einem wichtigen Auftrag, nämlich dem König eine dringende Bitte zu überbringen (Judith 9,15). Sie betete: „Herr, denke an mich und an deine Zusagen und gib mir ein, was ich reden und wie ich vorgehen soll, und gib mir Glück dazu!" Gott half ihr, sie fand ein offenes Ohr und formulierte genau die Worte, die den König ansprachen.

Auch Jesus stärkt seine Jünger im Vertrauen und verspricht ihnen in Markus 13,11 zu: „Sorgt euch nicht um das, was ihr reden sollt, denn der Heilige Geist wird durch euch reden." Damit macht Jesus deutlich: Redet nicht einfach darauf los, sondern bekennt eure Schwachheit und Hilflosigkeit und vertraut mir dann, dass ich euch helfe, die rechten Worte zu finden. Besonders beeindruckt hat mich schon als Jugendlicher der Gottesknecht in Jesaja 50,4. Er schreibt: „Jeden Morgen weckt Gott mein Ohr, dass ich höre, wie ein Jünger hört. Dann nimmt Gott meine Zunge in seinen Dienst. Er zeigt mir immer wieder neu, was ich sagen soll, um die Müden zu ermutigen." Gott möchte uns helfen, dass wir immer die rechten Worte zur rechten Zeit finden, dass uns Worte geschenkt werden, die: „zur rechten Zeit gesprochen werden und wie ein goldener Apfel auf einer silbernen Schale wirken." Das geschieht, wenn wir betend reden und betend schweigen.

Reden von der Größe Gottes

Das Redenkönnen, das Formulieren von Worten, Gesten und Gedanken gehört zu den ganz großen Geschenken des Menschseins. Wir sind dadurch deutlich bevorzugt, z.B. gegenüber den Tieren, die sich nicht so klar artikulieren können. Durch die Sprache haben wir auch viel mehr Möglichkeiten von und über Gott zu reden. Wir können von unseren Erfahrungen mit Gott und dem Glauben erzählen. Wir können deutlich beschreiben, wie er uns hilft. Wir können seine Größe und Einzigartigkeit in ganz persönliche Worte fassen.

Auch dazu ermuntert uns die Bibel. Unser Mund darf ein Werkzeug Gottes werden. Psalm 40,11: „Deine Gerechtigkeit verberge ich nicht in meinem Herzen; ich spreche von deiner Treue und Hilfe." Sie kennen das Sprichwort: „Wem das Herz voll ist, dem geht der Mund über." So erfahren es immer wieder Christen, die Gottes Hilfe erfahren. Sie müssen es einfach erzählen. Es ist ihnen ein Herzensbedürfnis. Psalm 105,1f möchte uns Mut machen: „Danket dem Herrn und redet von allen seinen Wundern." Jeder, der bewusst Gott sucht, erlebt Wunder, oft nur kleine persönliche Wunder, die wir vorher nicht wahrgenommen haben. Diese Wunder stärken unseren Glauben und machen uns fähig zu vertrauen und auch von unserem Glauben zu reden. Wenn wir diese Wunder erkennen, dann können wir auch danken und Gott loben.

Am Anfang der Predigt habe ich Sie nach der Zahl Ihrer Wörter gefragt. Nun habe ich viel gesprochen über 2.000 Wörter. Hoffentlich sind es Worte gewesen, die zur rechten Zeit und am rechten Ort gesprochen wurden. Ich habe diese Worte nicht nur an Sie, sondern auch an mich gerichtet. Denn auch ich bin ein Lernender und übe jeden Tag neu, aufrichtig zu reden, Herz und Mund sollen mit einer Stimme sprechen. Amen.

Lügen

Vor einiger Zeit stand eine Meldung in der Bildzeitung: „Jeder Mensch lügt mehr als 100 Mal am Tag." Zunächst dachte ich naja, die Bildzeitung nimmt es mit der Wahrheit auch nicht so genau. Wieder einmal so eine spektakuläre Schlagzeile. Doch, dann verstand ich, was der Redakteur deutlich machen wollte. Natürlich lügt kaum jemand bewusst 100-mal am Tag. Bewusst lügen die wenigsten. Doch unbewusst sagen wir vieles, was nicht so ganz der Wahrheit entspricht. Zwischen Wahrheit und Lüge gibt es eine große Grauzone! Doch was ist die Wahrheit? Wer von uns erkennt in jeder Situation, was wirklich wahr und richtig ist?

Wahrheit und Lüge

Die Bibel macht eindrucksvoll deutlich, dass nur Gott die Wahrheit kennt und er die Wahrheit ist. Da wir Menschen in der Trennung von Gott leben, sind wir immer wieder blind, für die Wahrheit, und unser Leben ist von der Unwahrheit bestimmt. Die Lüge begleitet die Menschen von Anfang an. Die Schlange belügt Eva im Paradies mit den Worten: „Das stimmt nicht, was Gott gesagt hat, ihr werdet nicht sterben, wenn ihr vom Baum esst." Eva belügt Adam, Adam belügt Gott. Später belügt Kain seinen Bruder Abel. Und als Gott ihn fragt, da lügt Kain: „Soll ich meines Bruders Hüter sein?" (1. Mose 4,9).

„Vater der Lüge", wird der Gegenspieler Gottes, der Satan, genannt. Er ist der Lügner von Anfang an. Nach der Bibel stehen wir also zwischen diesen beiden Polen. Zwischen Gott, der uns als der Wahre, Treue und Gütige begegnet und der nicht lügen kann und seinem Sohn, der von sich sagt: „Ich bin die Wahrheit." (Johannes 14,6) und dem Widersacher Gottes, der gekonnt die Wahrheit verdreht und alle Formen der Lüge perfekt beherrscht.

Auch ich bin ein Lügner

Wir haben also die Wahrheit nicht im Griff. Das ist also das erste, was uns die Bibel deutlich macht, dass wir in der Welt der Lüge leben und ein Teil davon sind. Das dürfen wir Gott bekennen: „Auch ich erkenne nicht die Wahrheit und die Lüge begleitet mich, o Herr, hilf mir, o Herr, schenke mir immer wieder neu deine Wahrheit." So wie es uns der 1. Johannesbrief (1,8) unterstreicht: „Wenn wir sagen, wir haben keine Sünde" – wenn wir sagen, wir gehören nicht zu den Lügnern – „dann belügen wir uns selbst und die Wahrheit ist nicht in uns."

Gebot vom falschen Zeugnis

Bezeichneter Weise lautet das achte Gebot nicht: „Du sollst nicht lügen". Eben deshalb weil die Lüge ein Teil dieser Welt ist. Doch das Gebot hebt den Teil der Lüge hervor, der besonderen Schaden anrichtet. Nämlich den anderen in seiner Ehre und Würde verletzet und antastet. Deshalb lautet das achte Gebot (2. Mose 20,16): „Du sollst nichts Unwahres über deine Mitmenschen sagen." (Gute Nachricht). Wir reden alle gerne über andere. Und wenn wir reden, mischt sich leicht Unwahres ein. Gefährlich sind vor allem Gerüchte und das, was wir vom Hörensagen erfahren. Wie schnell ist der Ruf des Anderen in Gefahr. Wenn ich über andere etwas sage, versuche ich mich immer selbst zu prüfen mit der Frage: „Würde ich genauso über diese Person reden, wenn sie mir gegenüber steht?" Wie oft verändern wir unsere Gespräche, wenn die betreffende Person dazu stößt. Martin Luther legt das achte Gebot „Du sollst nicht falsch Zeugnis reden wider deinen Nächsten" so aus: „Wir sollen Gott fürchten und lieben, dass wir unseren Nächsten nicht belügen, verraten, verleumden oder seinen Ruf verderben, sondern sollen ihn entschuldigen, Gutes von ihm reden und alles zum Besten kehren." Amen.

Beten

Die Deutschen beten! Es wurde gefragt: „Wie oft haben Sie in den letzten 12 Monaten gebetet?" Nur 37 % beten nicht, bei den Frauen sind es sogar nur 29 %. Das heißt nahezu 2/3 der Deutschen beten. Manche zwar selten, aber sie beten.

Anspiel Gebet:

Beter (B): Kniet nieder und falten die Hände zum Gebet.

Fragender (F): Kommt zur Kirche, nähert sich dem Beter und fragt: „Was machst du hier eigentlich? Geht es dir nicht so gut?"

B:„Ich bete!"

F:„Beten, was ist das eigentlich? Ich bin kein Frommer!"

B:„Beten bedeutet für mich: Ich rede mit Gott!"

F:„Mit wem redest du, ... mit Gott??? Ich würde eher sagen: Du führst Selbstgespräche!"

B:„Du hast recht, es sieht so aus. Doch ich rede wirklich mit Gott!"

F:„Ich glaube ja nicht an Gott. Ich weiß nicht, ob es überhaupt so etwas wie Gott gibt. Doch du bildest dir wirklich ein, das, was du da so redest, das hört Gott? Dieser gewaltige Gott, der die Welt und das Universum gemacht hat. Irgendwie ist das ein Hammer – deine Einbildung!"

B:„Ja, ob du das glaubst oder nicht. Ich traue das Gott zu, dass er mein kleines Gebet hören kann."

F:„Was gibt dir da so viel Gewissheit? Schließlich betest du und betest und es kommt keine Antwort. Vielleicht gehen deine Worte nur bis zur Wand."

B:„Ich kann deine Zweifel und Gedanken verstehen. Aber das ist das Geheimnis des Betens. Es geht mir hinterher immer gut. Es ist so, als ob Gott alles gehört hat. Ich bin mit meinen Sorgen und Problemen nicht mehr allein. Deshalb bete ich immer wieder..."

F: „Irgendwie macht mich das stutzig. Scheinbar ist da irgendetwas dran, sonst würde das nicht funktionieren und du bist auch nicht der einzige, der betet."

B: „Geholfen hat mir bei meinen Gebeten die Bibel. Dort heißt es immer wieder, dass wir Gott mit Gebeten suchen sollen. In der Bibel habe ich auch viele Gebete gefunden, die Menschen schon vor 1.000 Jahren gesprochen haben.

F: „Irgendwie hast du mich neugierig gemacht. Du kniest also einfach hin und fängst an zu reden?"

B: „Ja, im Prinzip schon. Doch das Wichtigste ist mein Glaube. Ich kann nur beten, wenn ich glaube, dass es einen Gott gibt, der alle Macht hat und der sogar fähig ist, mein Gebet zu hören. Ich glaube sogar, dass Gott mich auch versteht, auch wenn ich nicht rede. Er kennt meine Gedanken und er sieht genau, was mich bewegt."

F: „Wieso dann beten, wenn er sowieso alles weiß?"

B: „Beten, das bedeutet einfach Zeit haben für Gott. Vielleicht sollte ich sagen: Beim Beten öffne ich meinen inneren Menschen und lass Gott in mein Herz schauen. Der Philosoph Sören Kierkegaard hat einmal gesagt: „Beten ist Stille werden, bis ich die Stimme Gottes höre."

F: „Das sind ja ganz neue Einsichten. Ich dachte immer beten, das sei einfach ein gedankenloses Palaver. Doch jetzt wird mir deutlich, das Entscheidende sind das Innere und der Glaube. Und scheinbar passiert da wirklich etwas!"

F geht in Gedanken versunken weg!

Gebetserhörung

Immer wieder wird über spektakuläre Gebetserhörungen gesprochen. Gibt es so etwas wie eine Gebetserhörung? Werden die einen Gebete erhört, andere nicht? Wir sollten das ganz anders sehen! Gott ist ein Gott, der alle Gebete hört. Er hört die Gebete, die laut hinausgeschrien werden, und auch die Gebete, die keine Worte finden. Doch, wenn wir erwarten, dass Gott genau das tut, was wir in unseren kleinen Gebeten für gut halten, dann ist das einfach zu kurz gegriffen. Gott ist der Herr des riesigen Universums. Er hat sich die Sonne ausgedacht. Für ihn sind die Planeten wie Tennisbälle. Er hat Leben und Sterben in seiner Hand. Er überblickt unser ganzes Leben von Anfang bis zum Ende. Wenn wir nun um etwas bitten, dann sehen wir oft nur den nächsten Augenblick. Wir sehen einen winzigen Ausschnitt aus unserem Leben. Doch Gott sieht viel, viel weiter. Wir sehen nur unser kleines Problem, das uns heute plagt, doch Gott überblickt unser ganzes Leben.

Natürlich darf ich Gott alles sagen, was mich bewegt. Ich darf ihn um alles bitten, was ich denke. Doch ich darf nicht erwarten, dass Gott das genau so macht, wie ich denke. Gott wird es hören und Gott etwas Gutes daraus machen, oft kommt das anders, als wir denken. Dazu habe ich einen Text gefunden, der einem unbekannten Soldaten zugeschrieben wird. Er hat oft Gott um etwas gebeten und fast immer kam es anders. Doch später hat er erkannt, dass Gott seine Gebete eigentlich viel besser erhört, als er dachte: „Ich bat um Stärke, aber er machte mich schwach, damit ich Bescheidenheit und Demut lernte. Ich erbat seine Hilfe, um große Taten zu vollbringen, aber er machte mich kleinmütig, damit ich gute Taten vollbrächte. Ich bat um Reichtum, um glücklich zu werden. Er machte mich arm, damit ich Weisheit lerne. Ich bat um alle Dinge, damit ich das Leben genießen könne. Er half mir dankbar zu werden und bewusst zu leben, damit ich die Geschenke des Lebens erkenne. Ich erhielt nichts von dem, was ich erbat, aber alles, was gut für mich war. Gegen mich selbst wurden meine Gebete erhört. Gott hat meine Gebete gehört und mich reich gesegnet.“

Großes von Gott erwarten

Ja, wir spüren, dass das schwierig ist mit dem Beten. Eigentlich sind wir als Menschen unfähig, richtig zu beten. Wir erleben uns als kurzsichtig und egobezogen. Wir wissen wenig, was wirklich gut für uns ist. Deshalb flüchten wir uns gerne in Stoßgebete oder nehmen einfach ein vorformuliertes Gebet, z.B. das Vaterunser (Matthäus 6,5-15). Doch das ist eigentlich nicht im Sinne des Betens. Gott möchte auch, dass wir ihn herausfordern und auch Großes von ihm erwarten.

In den letzten Jahren machte in den Vereinigten Staaten ein Gebet von sich reden. Es ist ein uraltes Gebet, das im Buch der Chronik in der Bibel zu finden ist. Es ist das Gebet des Jabez. Dieses Gebet wurde von jemand neu entdeckt. Er schrieb darüber ein Buch. Inzwischen sind sage und schreibe weit über 10 Millionen Exemplare von diesem Buch verkauft worden. Das Gebet des Jabez ist inzwischen unter den Christen in Amerika gut bekannt. Viele Folgebücher sind erschienen, die auch ins Deutsche übersetzt wurden.

Wenn man das Gebet liest, denkt man zunächst: „Das ist ein selbst-bezogenes, vielleicht sogar egoistisches Gebet.“ Doch die Bibel berichtet, dass Gott dieses Gebet gesegnet und erhört hat. Ich lese aus 1. Chronik 4,9.10. Jabez betet: „Herr, segne, ja segne mich und erweitere mein Gebiet! Lass deine Hand bei mir sein und halte Schmerz und Unglück von mir fern.“ Die Bibel berichtet: „Gott ließ geschehen, worum er bat.“ Die Stärke dieses Gebetes liegt darin, dass Jabez seinem Gott etwas zutraut. Er glaubt, dass Gott etwas in seinem Leben bewegen will. Er glaubt, dass es der Weg Gottes ist, dass ich große Ziele verfolgen darf. Doch das Wichtigste ist ihm nicht der persönliche Erfolg, sondern der Segen Gottes. Wir dürfen also mutig beten. Wir dürfen Großes von ihm erwarten. Wir dürfen auch mit seiner Hilfe auf Erfolg hoffen. Doch das Wichtigste soll uns der Segen Gottes sein. Aller Erfolg bringt uns nichts, wenn er nicht unter dem Segen Gottes steht.

Wir dürfen beten, das ist das Geschenk des Lebens. Gott freut sich über jedes Gebet und er hört auch die Gebete, die keine Worte finden. Natürlich freut er sich besonders, wenn wir ihm danken und wahrnehmen, was er alles für uns tut. Wir dürfen aber nicht erwarten, dass er unsere Bitten genauso erfüllt, wie wir uns das vorstellen, das wäre eine Anmaßung. Doch wir dürfen Großes von Gott erwarten. Wir dürfen um seinen Segen, um seine Hilfe und auch um Erfolg bitten. Wichtig ist, dass wir überhaupt beten – hier und überall, wo wir sind. Amen.

Preisen (Psalm 33,1)

Ein Wort soll jetzt im Mittelpunkt stehen, das sich völlig aus der Alltagssprache verabschiedet hat und nur noch in den liturgischen und biblischen Texten lebt. In einer Konfirmandenstunde habe ich gefragt, wer das Wort „preisen“ erklären kann. Keiner meiner Konfirmanden konnte damit irgendetwas anfangen. Ihnen sind nicht einmal verwandte Worte wie „anpreisen“ oder „Siegespreis“ oder „Preisausschreiben“ eingefallen. Als ich weiter fragte, was das bedeutet: „Gott zu loben und zu preisen“ stieß ich wieder auf Schweigen.

In der Bibel werden wir über 60mal aufgefordert, Gott zu preisen. 20mal finden wir es in den Psalmen. Jeweils 10mal hören wir es von Jesus und von Paulus. In unserem alten Gesangbuch war es 60mal als Verb und 60mal als Hauptwort zu finden. Diese Häufigkeit macht deutlich: Der Aufruf zur Preisung Gottes ist elementar wichtig. Er gehört zum Fundament des christlichen Glaubens. Was bedeutet „preisen“? Das Wörterbuch formuliert: „frei erklären, öffentlich bekennen“. Es ist also ein gesteigertes

Lob Gottes. Ein Loben Gottes, das nach außen tritt, das über den Gottesdienst hinaus öffentlich wird. Ich möchte es frei übersetzten mit: „Von Gott im Alltag begeistert reden".

Gott preisen – von Gott begeistert reden. Mit dem Wort Gottesbegeisterung stehen manche von uns auf Kriegsfuß. Nur das nicht: Straßen-predigten, begeisterte Laienprediger oder Mitchristen, die ihren Glauben auf den Lippen tragen. Aus vielen Gesprächen haben wir erfahren, dass damit wohl mehr Menschen abgeschreckt, als für den Glauben gewonnen werden.

Und doch es geht nicht ohne Begeisterung! Eine Predigt wird doch erst dann zur Predigt, wenn sie beseelt ist von einer Begeisterung für Gott, für Jesus Christus, für den Geist des Glaubens und der Nächstenliebe. Eine Predigt ohne Gottesbegeisterung bleibt eben nur ein religiöser Vortrag. „Gott preisen" meint nicht eine plumpe, schreiende und banale Begeisterung, die allzu schnell den Intellekt abschaltet. „Gott preisen", das ist eine gereifte und ganzheitliche Begeisterung, die einhergeht mit intellektuellen und auch psychologischen Erkenntnissen.

Begeisterung für Gott

Mir hat das Theologiestudium meine jugendliche Jesusbegeisterung geläutert. Gelegentlich hatte ich die Befürchtung: Da bleibt nichts mehr übrig. Mein kindlicher Glaube ist nichts mehr wert! Doch das Eigentliche hat sich hindurch getragen. So stehen wir als Christen immer wieder vor der Frage: Wie bleibe ich begeistert? Doch in gesunder Weise begeistert?

Überlegen Sie einmal, wann Sie zum letzten Mal von einer Sache begeistert waren. Sicher war es ein Erlebnis, das Sie ganz persönlich berührt hat. Es wurden Ihr Herz und Ihre Seele angesprochen. Genau das brauchen wir auch für unsere Begeisterung für Gott. Eine neue Gottesbegegnung hilft uns. Kein Prophet im Alten Testament konnte auftreten, ohne dieses persönliche Angesprochen sein. Das gilt auch für uns. Wir können menschlich noch so erfolgreich sein, es hinkt, wenn unser geistliches Ohr taub zu werden scheint. Auf jeden Fall dürfen wir unseren Herrn bitten, dass er uns berührt und stärkt. Das ist eine geistliche Bitte im Sinne von Gott. Er weiß genau, dass wir als seine Nachfolger hier seine besondere Hilfe nötig haben.

Johann Sebastian Bach war wie kaum ein anderer „Gottbegeisterter". Er pries Gott mit seiner Musik und ließ keine Komposition aus, die er nicht mit einem Lob Gottes schloss. Graf Zinzendorf war ein „Jesusbegeisterter" mit Zukunft. Gelegentlich schmunzeln wir über seine honigsüßen Worte. Doch er hat Gottesgeschichte geschrieben und vielen Menschen geholfen, Gott in Jesus Christus zu „preisen".

Doch, wenn wir uns immer wieder neu mit Jesus Christus auseinandersetzen, dann wird einfach eine Begeisterung überspringen. Er begeistert uns nicht vorrangig durch seine glanzvollen Höhen, sondern durch seine Menschlichkeit und Hingabe für unsere Welt. Was ist das doch für ein Gott, der es sich leisten kann, im Meinungsspektrum der Weltöffentlichkeit nicht mitzureden und trotzdem eindrucksvoller und überzeugender spricht als alle zusammen!

Was ist das doch für ein Gottessohn, der auf die drängendsten Fragen nach Leid, Tod und Ungerechtigkeit nicht argumentiert, sondern sich selbst hineingibt, ungerecht leidet und stirbt. Und keinen anderen Weg vorgibt, als in seine Nachfolge einzuladen.

Was ist das doch für ein Gottessohn, der seine Weisheit und Barmherzigkeit in menschliche Hände legt? Der sich zufrieden gibt mit menschlichen Halbheiten und mit Kirchen, die nur in einem stümperhaften Abbild etwas von seiner Wirklichkeit verdeutlichen. Der aber niemals aufhört von Menschen, die ihn wahrhaft lieben, grenzenlos begeistert zu sein.

7. Von unseren Abgründen
Vergebung, Strafe, Sünde

Vergebung

Ein Mann hat beim Vaterunser immer einen Satz weggelassen. Er hat gebetet „Unser tägliches Brot gib uns heute!" und dann: „Dein ist das Reich und die Kraft und die Herrlichkeit in Ewigkeit. Amen." Den Satz: „Und vergib uns unsere Schuld, wie auch wir vergeben unsern Schuldigern...", hat er weggelassen. Diesen Satz konnte er nicht beten, denn er konnte seinem Bruder nicht vergeben. Dieser hatte ihn tief verletzt. Schon seit Jahren spricht er nicht mehr mit ihm. Einmal hat er gesagt: „Der ist für mich gestorben." Als ich seine Geschichte genauer hörte, dachte ich, so schlimm ist doch seine Schuld nicht – warum kann er nur nicht vergeben? Doch für ihn war es schlimm. So schlimm, dass er nicht vergeben konnte. Solche Geschichten gibt es viele – auch in unserer Nachbarschaft. Ich kenne verschiedene Familien, die nicht mehr miteinander reden, weil eben etwas vorgefallen ist und man sich nicht mehr versöhnen konnte.

Vergeben ist so schwierig

Warum ist das so schwierig mit dem Vergeben? Das liegt an unserer menschlichen Persönlichkeit. Wir sind von Gott als einzigartige Persönlichkeiten geschaffen worden. Jeder von uns ist ein Kind Gottes – einzigartig und einmalig. Jeder ist auf seine Weise genial. Da Gott der Herr aller Herren ist und König aller Könige, sind wir so etwas wie Königskinder. Das spüren wir vor allem an unserem Ehrgefühl. Wenn man uns sehr verletzt, dann ist das so, wie wenn uns eine Spitze aus unserer Königskrone gebrochen wurde. Dieses Ehrgefühl ist bei uns unterschiedlich stark ausgebildet. Doch jeder kennt sein Ehrgefühl und jeder spürt auch, wenn seine Ehre verletzt wird. Wenn wir verletzt werden, dann werden wir kämpferisch, wollen uns rächen, und das, was uns angetan wurde, auch dem anderen antun.

In der Bibel zitiert Jesus das altbekannte Gesetz in Matthäus 5,38: „Auge um Auge, Zahn um Zahn". So lesen wir es im 3. Mose 24,19: „Wer seinen Nächsten verletzt, dem soll man tun, wie er getan hat." In der Rechtsprechung ist dazu ein aufwändiges Verfahren notwendig. Doch im Alltag ist so etwas kaum umsetzbar. Und häufig scheitert es daran, dass wir die Schuld der anderen viel schlimmer sehen, als sie in Wirklichkeit ist, und unsere eigene Schuld oft nicht oder zu gering. So bleibt der Zorn. Es bleibt die Verletzung, so bleibt der Hass. Viele Menschen leben voller Zorn und Hass gegen einen anderen Menschen und können nicht vergeben. Ob sie nun wirklich gerecht empfinden, bleibt oft dahin-gestellt. Außerdem hat die Psychologie festgestellt, dass Hass und Zorn unserer Seele nicht gut tun und sie uns auf Dauer sogar krank machen können.

Christen können leichter vergeben

Warum können wir als Christen unseren Mitmenschen eigentlich leichter vergeben? Als Christen wissen wir, dass wir nicht nur Königskinder sind. Der Apostel Paulus macht in den ersten acht Kapiteln des Römerbriefes deutlich, dass wir beides sind: Königskinder, aber auch Sünder. Keiner von uns ist ohne Sünde, keiner lebt so, dass ihn Gott gerecht nennt. Eigentlich kann kein Mensch vor der Gerechtigkeit Gottes bestehen. Ja, so ist es – in uns steckt ein König, aber auch ein Räuber und Sünder. Und keiner kann sagen, dass er nur König ist! Wir sind alle auf Vergebung angewiesen.

Martin Luther sagte einmal deutlich gemacht, dass wir jeden Tag, ja jede Stunde die Vergebung benötigen. Er sprach von der täglichen Vergebung und Buße. Jesus hat nun für uns etwas Einzigartiges getan. Etwas, was uns aus dem Teufelskreis der Schuld und Vergeltung herausreißt. Er hat all unsere menschliche Schuld auf sich genommen, die passiert ist und die noch geschehen wird. Er hat dafür sein Leben hingegeben, damit wir das begreifen, wie ernst er es mit uns meint und wie wichtig wir ihm sind.

Beim Abendmahl wird uns zugesprochen: „Christi Blut für dich vergossen zur Vergebung deiner Sünden." Das ist ein wahnsinnig großes Geschenk. Er bietet uns an, alles, was uns an Schuld bewusst ist, ihm abzugeben und er tilgt es aus unserem Leben. Auch, wenn wir große Schuld auf uns geladen haben, er nimmt sie uns weg und schenkt uns Frieden mit Gott. Wir werden frei, denn Jesus spricht uns zu: „Dir sind deine Sünden vergeben." Und das gilt ausnahmslos. Egal, was passiert ist, ich kann ihm meine Schuld abgeben, und meine Seele wird vor Gott rein. Deshalb haben wir es auch als Christen leichter, unseren Mitmenschen, die an uns schuldig geworden sind, zu vergeben. Wir spüren, wie gut uns das tut, dass Gott uns vergibt. So können wir auch anderen vergeben.

Vergebung von Enrico

Zum Abschluss möchte ich euch noch eine kleine Vergebungsgeschichte erzählen, die vor über 70 Jahren in einem deutschen Konzentrationslager passiert ist. Enrico Dapozzo war ein italienischer Häftling. Er hatte verkrüppelte Arme und war auf 40 kg abgemagert. Der Kommandant kommt in seine Zelle und öffnet genüsslich ein Päckchen mit Weihnachtsplätzen mit den Worten: „Deine Frau kann wunderbar backen." Dann isst er genüsslich die Plätzchen vor den Augen des Gefangenen auf. Enrico bittet, wenigsten an den Plätzchen riechen zu dürfen, um die Liebe seiner Frau zu spüren. Doch auch das verwehrt ihm der Kommandant. Enrico ist Christ. Doch in ihm steigt der Hass auf. Er betet um Kraft. Er betet, dass Gott ihm das Unmögliche möglich macht, diesem Unmenschen zu vergeben.

Enrico Dapozzo überlebt wie durch ein Wunder und wird Evangelist. Er predigt von der Liebe Gottes. Schließlich sucht er nach seinem Peiniger. Nach zehn Jahren spürt er ihn endlich auf. Er nimmt einen Freund mit, lässt von seiner Frau einen wunderbaren Kuchen backen und klingelt an seiner Wohnungstür. Der Mann erkennt ihn nicht und Enrico fragt ihn: „Erinnerst du dich an Heilig Abend 1943?" „Nee", antwortet der ehemalige Kommandant. „Sagt dir die Nr. 1753 was?" Und plötzlich wird dieser Mann leichenblass. Er erkennt in ihm den Häftling von damals. Voller Angst schreit er auf und sagt: „Bist du gekommen, um dich zu rächen?" „Ja", sagt er. Und dann packt er das Paket aus, stellt den Kuchen auf den Tisch und bittet die Frau seines ehemaligen Peinigers Kaffee zu kochen. Dann essen sie schweigend den guten Kuchen.

Und als der eine angsterfüllt und der andere noch mit sich kämpfend – den Kuchen gegessen hatten, sagt Enrico: „Um der Liebe Jesu willen vergebe ich dir." Durch dieses Geschenk der Vergebung wird der ehemalige KZ-Aufseher so tief berührt, dass er zum Glauben findet, die Vergebung durch Jesus annehmen kann und seine Seele Frieden findet. Amen.

Strafe

Es war einer meiner ersten Besuche als Seelsorger am Krankenbett. Als ich die Zimmertür öffnete, traf ich auf einen Mann mittleren Alters. Er erzählte mir von einem schweren Motorradunfall mit vielen Folgeoperationen. Ich kann mich nicht mehr an die genaue Zahl erinnern. Aber es waren 20 oder 30 chirurgische Eingriffe. Dann brach es unvermittelt aus ihm heraus: „Das ist Gottes Strafe für mich. Mein Leben war vorher leichtfertig und ohne Gott. Nun muss ich dafür leiden." Ich stand etwas sprachlos daneben. Denn das entsprach gar nicht meinem Bild von Gott. Ein Gott, der einen Menschen ins Unglück stürzt, ihn verstümmelt? Ein Gott, der einen dynamischen Mann mitten im Leben bremst, dass er nicht mehr so leben kann wie vorher? Ich war ein etwas verwirrter Seelsorger. Doch ich spürte bald, dass ihm diese Erkenntnis hilft. Er hatte durch seine schlimmen Erfahrungen neu zu Gott gefunden. Vieles, was vorher geschehen war, hatte er als verkehrt und falsch erkannt. Für ihn war das keine unbarmherzige Strafe eines zürnenden Gottes, sondern eine barmherzige und helfende Strafe.

Dem Alten Testament ist der strafende Gott nicht fremd. Dieses Strafen Gottes begleitet den biblischen Menschen von Anfang an. Bereits im Paradies erfahren Adam und Eva die Härte der Strafe Gottes. Sie greifen nach den verbotenen Früchten und werden aus dem Garten Eden vertrieben. In vielen Geschichten klingt das helfende und strafende Handeln Gottes an. Ich nenne nur einige Beispiele: Kain und Abel, Sintflut, Turmbau zu Babel, Sodom und Gomorra, Davids Ehebruch und schließlich die Verschleppung des Volkes Israel nach Babylon. Das Alte Testament zeigt uns Gott als väterlichen Pädagogen. So wie Kinder ohne Konsequenzen nicht aufwachsen können, so ergeht es auch den Gottes-kindern. Sie brauchen einen Gott, der sie führt und auch strafend zurechtbringt. Dabei wird zunächst deutlich:

Der strafende Gott sucht intensiv den Menschen

Gottes Strafen ist immer mit einem intensiven Suchen des Menschen verbunden. Bevor der Schöpfer Adam und Eva aus dem Paradies vertreibt, sucht er das Menschenpaar. Wir hören die bekannten Worte: „Adam, wo bist du?“ Auch beim ersten Brudermord durch Kain, begegnet uns Gott als der intensiv Suchende. Kain bringt seinen Bruder Abel aus Neid um. Für Gott wäre es ein Leichtes gewesen, einfach den Mörder zu töten, um Gleiches mit Gleichem zu vergelten. Doch was tut er. Er sucht Kain, der sich verborgen hat. Er sucht das offene Gespräch. In diesem Gespräch zeigt er ihm auf, dass er eine Grenze überschritten hat und schuldig geworden ist. Wir kennen diese bekannten Worte: „Kain, wo ist dein Bruder Abel?“ (1. Mose 4,9)

Eine Wurzel im Hebräischen für das Wort „strafen“ kommt von „suchen“. Der strafende Gott ist also immer ein suchender Gott. Bevor Gott straft, sucht er uns, sucht er den Menschen. Bevor er die Sintflut schickte, suchte er Menschen und er fand nur Noah und seine Familie, die sich finden ließen. Bevor Gott das Land von Sodom und Gomorra reinigte, weil sie sich schon vorher selbst zerfleischt und zerstört hatten, suchte er und suchte. Er sprach mit Abraham und diskutierte mit ihm, wie viel Gerechte man dort noch findet. Und er suchte Lot und seine Familie. Eindrücklich wird diese Suche Gottes durch den Propheten Nathan in 2. Samuel 11 und 12 beschrieben. König David wird zum Ehebrecher und Mörder. Auch nach dieser schweren Verfehlung schlägt Gott nicht strafend dazwischen, sondern sucht David durch einen Propheten. David erkennt seine Sünden und erfährt Vergebung. Er kann dann die Strafe als Folge seines sündigen Handelns erkennen und reumütig annehmen. Gott ist also nicht der Herrscher, der blindlings zuschlägt. Er ist nicht der Gott, der wütet und voller Zorn sich rächt. Er ist vielmehr der Gott, der uns Menschen mit Geduld sucht. Er geht viele Wege mit uns. Er wird uns nicht aus heiterem Himmel schlagen.

Gottes Strafen sind heilsam

Die Bibel geht sogar noch weiter: Der strafende Gott ist nicht nur ein Suchender, der sich um den Menschen bemüht und um ihn ringt, sondern sein Strafen ist heilsam. In verschiedenen Bibelstellen, vor allem in der Weisheitsliteratur, wird dies deutlich. Gottes strafendes Handeln wird für den Menschen als Gnade erfahren. Ja, die Heimsuchung durch Gott ist wie ein Liebeswerben des Allmächtigen. In Offenbarung (3,19) und in den

Sprüchen (3,12) finden wir die Sätze: „Wen Gott liebt, den straft und züchtigt er." Im Buch Hiob (5,17) wird hinzugefügt: „Wie glücklich ist doch ein Mensch, den Gott straft und zurechtweist!" Der strafende Gott ist der Heilende, Zurechtliebende. Er ist der Gott, dem wir wichtig sind. Deshalb fasst er uns fester an. Er straft uns härter, weil wir vorankommen sollen. Er trainiert uns gewissermaßen, damit wir im Glauben widerstandsfähiger werden. Gott wird also in seinem Strafen einerseits als einfühlsamer und den Menschen suchender Pädagoge erfahren. Andererseits ist er wie ein Trainer, der uns fordert, damit unser Glaube wächst. Und immer ist dieses „Strafen" eine Lebenshilfe und eine Gnade.

Problem „Gottesstrafe"

Doch neben dieser pädagogischen Hand Gottes klingt in der Bibel auch seine harte Hand an. Gott kann, wenn alles Bemühen vergeblich ist, sehr hart und klar handeln. Das erste große Gottesgericht ist die Sintflut. Eine Welt, die Gott nur noch zum Spott macht und Menschen, die für den Glauben nur noch zynische Worte finden, fällt das Lebensrecht. Menschen, Tiere und Pflanzen, ja eine ganze Kultur zerfällt unter dem reinigenden Strafrichten Gottes, das die Menschen verschuldet haben.

Ein zweites großes Strafgericht Gottes ist der Untergang von Sodom und Gomorra. Diese Städte sind als Redewendung in unsere Sprache eingegangen. Wenn wir sagen: „Da geht es zu wie in Sodom und Gomorra", dann meinen wir: Es geht drunter und drüber. Es gibt keine gute Ordnung mehr. Menschen verspielen ihr Menschsein, ihre Würde und Gottebenbildlichkeit. Hier reagiert Gott nach der reinigenden Flut mit einem läuternden Feuer. Auch dieses vernichtende Strafgericht Gottes ist kein wutentbranntes Zerschlagen. In den Psalmen (30,6) wird verdeutlicht: „Sein Zorn währt einen Augenblick, aber lebenslang seine Gnade. Den Abend lang währt das Weinen, aber des Morgens ist die Freude."

Es ist nicht so, dass Gott Freude an diesem Strafen hat, vielmehr leidet er unter diesem Strafen, die wohl unumgänglich sind. Er leidet darunter, dass Leben zerstört wird, um Leben zu schützen und zu retten. Gottes tiefes Mitleiden wurde in Jesus Christus einzigartig verdeutlicht. Gott legt die Strafe auf ihn, damit wir trotz Sünde Frieden finden. Jesus stirbt am Kreuz und nimmt die Strafe auf sich.

In unserer Furcht vor dem Strafgericht Gottes wird uns als Christen nun Frieden geschenkt. Denn kein Mensch ist so gut, dass er als gerecht vor Gott stehen könnte. Am Kreuz hat Gott sein wahres Gesicht gezeigt. Er ist nicht der rächende Gott, sondern ein Gott, der mitleidet. Er begibt sich selbst in das notwendige Strafgericht durch seinen Sohn Jesus Christus. Er stirbt für uns und nimmt die Strafe auf sich. So wird das Kreuz zur Befreiung vor lähmender Furcht vor der Strafe, die uns zusteht.

Wenn wir unsere ganze Verlorenheit erkennen, dann dürfen wir unseren Blick auf das Kreuz richten und die Worte vernehmen: „Die Strafe liegt auf ihm, damit ich Frieden hätten, und durch seine Wunden sind wir geheilt!" (Jesaja 53,5). Doch das Kreuz macht uns zugleich frei zum Bekenntnis: „Keiner von uns kann vor Gott als gerecht bestehen. Alle haben wir den rechten Weg verlassen. Ausnahmslos sind wir verdorben. Wir leben allein von der Gnade Gottes!" (Römer 3,10ff). So wird uns verdeutlicht: Gottes Strafen sind auch immer ein Mitleiden. Gott straft nicht, ohne dass er mitträgt und mitleidet.

Gottes Strafrichten bleibt ein Geheimnis

Dieses Strafrichten Gottes wurde nun immer wieder von Menschen instrumentalisiert oder missbraucht. Ich kann mich selbst noch an Predigten aus meiner Kindheit oder an Erzählungen erinnern, die mich heute zum Kopfschütteln bringen. Da wurde zum Beispiel erzählt, wie drei Schüler das dritte Gebot der Sonntagsheiligung missbrauchten und dann von Gott schwer bestraft wurden. Statt zum Gottesdienst zu gehen, stiegen sie in ein Ruderboot, um sich am Wasser zu erfreuen. Doch der zornige Gott strafte sie. Das Boot kenterte und sie kamen um.

Bei solchen und ähnlichen Schauergeschichten stehen mir die Haare zu Berge. Wer so etwas erzählt, steht nicht auf dem Boden der Bibel. Mit dem Strafrichten Gottes dürfen wir nicht spielen. Es ist uns entzogen. Es steht uns niemals zu, einen Schicksalsschlag als Gottes Gericht zu beurteilen! Ich denke, die Bibel macht uns an vielen Stellen deutlich, dass Gott nicht so mit Menschen umgeht.

Das Strafrichten Gottes ist wie alles Handeln Gottes ein Geheimnis. Wir Menschen können es weder fassen noch beurteilen. Wir stehen nicht an Gottes Stelle. Ein Urteil steht uns nicht zu. Selbst, wenn ein noch so übler Mensch und Bösewicht ein Schicksal erfährt, das seinem Handeln ganz und gar entspricht. Wir dürfen uns hier nie zum Richten verleiten lassen. Wir verkündigen die Gnade Gottes und das Gericht Gottes. Doch wir sprechen es nie jemand persönlich zu. Das ist allein die Sache Gottes.

Anders ist es, wenn uns selbst in einer Lebenssituation die Erkenntnis geschenkt wird: „Durch dieses Ereignis spricht Gott zu mir." Wenn ich Gottes

Strafen für mich heilsam erkenne, wie der Motorradfahrer im Nürnberger Krankenhaus, dann kann das ein Geschenk Gottes sein.

Straft das Leben?

„Straft Gott oder straft das Leben?“, haben wir uns zu Beginn gefragt. Gott führt uns helfend und strafend. Doch auch das Leben straft uns auf allen Gebieten, wenn wir gute Grenzen und Gesetze des Lebens für uns nicht achten. Darüber könnte ich jetzt noch eine eigene Predigt halten. Wir erfahren, wie uns das Leben heftig strafen kann, wenn wir die Zehn Gebote verletzen. Wir ernten böse Früchte, die leider meist erst später deutlich werden. Das Leben straft uns, wenn wir unsere Mitmenschen nicht lieben wie uns selbst. Wir erfahren Hass und Streit. Das Leben kann uns heftig strafen, wenn wir die Gefahr von Süchten nicht erkennen. Täglich sterben allein an den Folgen des Rauchens in Deutschland hunderte von Menschen. Es gibt nur etwa 10 bis 20 Prozent, denen das Rauchen nicht schadet. Das Leben straft uns durch ungesundes und übermäßiges Essen. Wir leben in einem Land, wo niemand hungern muss. Doch inzwischen essen wir uns krank. Immer stärker kommt ans Tageslicht, dass die Mehrzahl unserer Krankheiten nicht schicksals- oder altersbedingt ist, sondern mit einer verkehrten Ernährung und Lebensweise zusammenhängen.

Nicht der strafende Gott ist zu fürchten. Nein, der taube und selbstgerechte Mensch lehrt uns das Fürchten. Als Menschen werden wir zur Gefahr des Lebens, wenn wir den suchenden Gott nicht mehr wahrnehmen, wenn wir taub werden für sein helfendes und liebendes Führen unseres Lebens und hierbei die mahnenden Signale des Lebens überhören. Amen.

Sünde

Leider ist das Wort „Sünde“ belastet, und es wird häufig nicht so verstanden, wie es wohl die Bibel meint. Wenn ich jetzt eine heftige Predigt halte würde, um Ihnen zu verdeutlichen, dass Sie alle Sünder sind. Sie würden bestimmt zurückschrecken und sich denken: „Was mutet der uns zu, uns als Sünder zu bezeichnen? Wir sind doch rechtschaffene Menschen.“

Ein Sünder ist in unserem Verständnis jemand, der etwas besonders Böses getan hat oder der eindeutig gegen ein Gebot Gottes verstoßen hat. Sünder werden in unserer Gesellschaft verurteilt. Zwar gestehen wir uns ein, alle „kleine Sünderlein“ zu sein. So besingt es ein bekanntes Lied. Aber wehe es bezeichnet uns jemand als „Sünder“, dann fühlen wir uns verletzt und verurteilt.

Dabei ist das nicht biblisch. Die Bibel nennt uns alle Sünder, ohne jede Ausnahme. Sie unterscheidet auch nicht große und kleine Sünder. So dürfte es uns eigentlich nichts ausmachen, wenn uns jemand Sünder nennt. Wir müssten reagieren: „Du hast recht, wir sind Sünder – du genauso wie ich!" So wie das Luther kurz vor seinem Ableben unterstrichen hat: „Wir sind Sünder, das ist wahr!" Von diesem biblischen Verständnis hat sich unsere christliche Gesellschaft entfernt. Deshalb werden die Worte „Sünde" und „Sünder" meist moralisch besetzt, und wir hören sie als Anklage und Urteil.

Ganz anders dagegen Jesus. Er hat die Pharisäer konfrontiert, weil sie die Sünde als Instrument gebrauchen, um andere zu beurteilen und vielfach zu verurteilen. Er machte deutlich, dass es uns nicht zusteht, die Sünden anderer zu benennen. Denn als Sünder haben wir kein Recht, auf andere zu zeigen, wir sitzen ja alle im gleichen Boot der Sünde. Eindrucksvoll verdeutlicht er das im Gleichnis vom Pharisäer und Zöllner. Beide beten im Tempel. Der Zöllner, der allein schon durch seinen Beruf damals als Sünder galt, betet aufrichtig: „Gott sei mir Sünder gnädig." (Lukas 18,11). Doch der fromme Pharisäer meint sündlos zu sein und zählt Gott alles auf, was er Gutes tut. Zum Abschluss dankt er Gott auch noch, dass er nicht so sündig ist wie der Zöllner. Jesus stellt richtig und betont, beide sind in gleicher Weise Sünder. Der Zöllner sieht es ein und erfährt die Gerechtigkeit Gottes. Doch der Pharisäer maß sich an, besser zu sein. Doch in Wirklichkeit ist er nur blind für seine Sünde und erkennt sie nicht. Und Gott kann ihn nicht annehmen, sondern verurteilt den Selbstgerechten.

Sünde – Zustand des Menschen

Wenn die Bibel das Wort „Sünde" verwendet, beschreibt sie damit einfach den Zustand in dem sich der Mensch Gott gegenüber befindet. Sünde wird abgeleitet von „Sund" – das heißt „tiefer Graben". Mit anderen Worten: Zwischen Gott und Mensch besteht eine unüberbrückbare Trennung. Diesen Zustand nennt die Bibel Sünde.

Wir haben ja alle so etwas wie ein Sündenbewusstsein. Keiner von uns würde behaupten, perfekt zu sein. Wohl keiner würde sich anmaßen zu sagen: „Ich verhalte mich so, wie es Gott haben will." Wir bemühen uns zwar, nach dem Willen Gottes zu leben und unser Leben vor ihm zu verantworten. Doch wir spüren, dass wir das nicht schaffen. Wie oft fühlen wir uns unrein, ungerecht oder einfach sündig? Manches Mal können wir unsere Sünde konkretisieren, manches Mal bleibt nur ein ungutes Gefühl. Unsere konkrete Sünde wird uns oft nicht deutlich.

Der berühmte und gläubige Philosoph Sören Kierkegaard nennt die Sünde die „Krankheit zum Tode". So lautet auch der Titel seines Buches. Er beschreibt, dass alle Menschen in diese Krankheit hineingeboren werden. Keiner kann sich ihr entziehen. Mit der Geburt ist unser Sterben schon vorprogrammiert. Paulus unterstreicht das auch im Römerbrief (6,23), wenn er formuliert: „Der Sünde Sold ist der Tod". Die Folge unserer Sünde ist, dass wir sterben müssen und nicht ewig leben können. Sünde ist also die besagte Krankheit zum Tode.

Nun ist das Schlimme bei einer Krankheit nicht, dass man sie bekommt. Das Heimtückische bei einer Krankheit ist, dass man sie nicht erkennt oder sie gar verbirgt. Eine Erkrankung wird oft erst dann gefährlich, wenn man keine Hilfe in Anspruch nimmt oder keinen Arzt aufsucht. Auch die Sünde ist eine Krankheit, die in unser Leben hineingelegt ist. Wir können uns nicht von ihr befreien. Sie ist bewusst in unser Leben gelegt, damit wir reif werden für Gott. So ermahnt uns Psalm 90,12 unser Sterben zu bedenken, damit wir klug werden und ihn suchen. Die Sünde ist also unsere Wirklichkeit. Sie begleitet uns alle von Geburt an. Eine Unterscheidung nach kleinen und großen Sünden steht uns nicht zu. Es ist gleichgültig, ob wir viel oder wenig sündigen. Mit Martin Luther sind wir „Sünder, das ist wahr!"

Sünde soll uns zu Gott führen

Sören Kierkegaard führt in seinem Buch „Krankheit zum Tode" weiter aus, dass uns die Sünde in die Verzweiflung führt. Verzweiflung darüber, dass wir unvollkommen und voller Fehler sind. Verzweiflung darüber, dass unser Leben begrenzt ist und ein Ende hat. Verzweiflung darüber, dass wir keinen letzten Sinn im Leben finden. Auch diese Verzweiflung ist Teil unserer Existenz. Sie schickt uns auf die Suche. Wir möchten diese Verzweiflung überwinden. Wir sehnen uns nach Vollkommenheit und Reinheit, wir sehnen uns nach Ewigkeit und nach einem tiefen Sinn unseres Lebens.

Der Kirchenvater Augustin (354-430) hat diese Verzweiflung besonders eindrucksvoll erlebt. Er war ein Suchender. Erst als erwachsener Mann öffnete er sich für das Christentum. Mit 32 Jahren ließ er sich taufen. In seinen „Bekenntnissen" beschreibt er später: „Groß bist du, o Herr. Ich lobe dich als Mensch, der weiß, dass er vergänglich und sterblich ist. Ich lobe dich als Mensch, der in Sünde lebt. Doch du bist da, um mir zu helfen und mich zu erretten. Denn zu dir hin hast du mich erschaffen und ruhelos ist unser Herz, bis es in dir Ruhe findet." Augustins Leben verdeutlicht uns:

Nicht das Sündersein und die damit verbundene Verzweiflung sind das eigentliche Problem. Das entscheidende Problem liegt darin, dass wir uns mit unserem Zustand zufrieden geben, dass wir unsere Krankheit und unsere Verzweiflung nicht erkennen wollen. Unsere tatsächliche Not besteht darin, dass wir uns nicht auf die Suche nach Gott machen!

Buße

Buße ist nichts anderes als die Erkenntnis: Ich bin Sünder und als solcher brauche die Hilfe Gottes. Wer Buße tut, kehrt um und erkennt seine Krankheit zum Tode und wendet sich an den Arzt Jesus Christus. Der Bußbereite erkennt seine Verzweiflung und sucht die Hilfe Gottes. Buße ist deshalb nicht etwas Trauriges und Schlimmes. Buße bringt Freude und Hoffnung. Buße beschreibt den Weg aus meiner Dunkelheit in das Licht Gottes. Buße ist der Weg ins Glück, Atmen der Ewigkeit, Hoffnung auf Vollkommenheit. Ja, Buße ist Heil und Himmel. Martin Luther sprach von der täglichen Buße, ja oft tat er stündlich Buße. Nicht weil er solch ein schwerer Sünder war. Er hatte begriffen, wie gut ihm die Buße tut. Er wollte einfach viel von der Nähe und Kraft Gottes erfahren, die ihn Buße schenkt.

Durch die Buße bleiben wir Sünder, aber zugleich tritt Jesus Christus an unsere Seite. Er schenkt uns Glauben, Gerechtigkeit und Ganzsein. Wir sind zwar weiter von der Sünde umgeben, solange wir leben, doch durch den Glauben trägt uns eine mächtige Hoffnung. Wir wissen und glauben, dass Jesus Christus auch meine Sünde überwunden hat und immer wieder überwinden wird. Er führt mich aus der Verzweiflung – heute und immer. Wir werden das sogenannte „Sünderkleid" nie los in diesem Leben. Das ist auch gut so und verhindert das falsche Denken, wir seien besser als andere. Doch durch unseren Glauben an Jesus Christus wird die Hoffnung in uns stark: Eines Tages werden wir mit ihm leben ohne Ende, wir werden befreit werden von aller Sünde. Ja, wir werden bei Gott sein und nichts, absolut nichts wird uns mehr von ihm trennen! Amen.

8. Von unseren geistlichen Herausforderungen
Gerechtigkeit, Demut, Frieden

Gerechtigkeit

Gerechtigkeit ist für uns Menschen ein besonders hohes Gut. Ich beobachte das immer wieder bei meinen Trauergesprächen. Wenn ich z.B. frage: „Welche besonderen Werte zeichneten den Verstorbenen aus?"

Häufig wird dann, vor allem bei Vätern und Müttern, die „Gerechtigkeit" genannt. „Er/sie hat immer versucht, allen Kindern gerecht zu werden. Keiner wurde bevorteilt, keiner benachteiligt. Gerechtigkeit war ihm/ihr wichtig." Menschen, die sich Gerechtigkeit auf die Fahne geschrieben haben, schätzen wir besonders. Sie sind für uns Vorbilder.

Die Sehnsucht nach Gerechtigkeit ist uns Menschen schon in die Wiege gelegt. Bereits bei kleinen Kindern beobachten wir, wie sie heftig reagieren, wenn sie ungerecht behandelt werden. Da bekommt z.B. ein anderes Kind etwas mehr von den geliebten Süßigkeiten als das andere; da werden Geschwister unterschiedlich behandelt. Das merken die Kleinen sofort. Da haben sie ein besonders feines Gefühl. Wie können da schon Kinder auf die Barrikaden gehen, wenn sie Ungerechtigkeit erfahren. Allerdings ist diese kindliche Gerechtigkeit in der Regel eine subjektive Gerechtigkeit. Kinder merken genau, wenn sie selbst ungerecht behandelt werden. Doch ihr eigenes, ungerechtes Verhalten wird ihnen kaum bewusst!

Da sind wir allerdings schon bei dem Grundproblem, was die Gerechtigkeit angeht. Unsere Einsicht von Gerechtigkeit ist immer einseitig. Wir können immer nur von uns ausgehen, von dem, was wir verstehen und was wir erkennen. Deshalb ist es uns eigentlich nie möglich, ein wirklich gerechtes Urteil abzugeben. Wir können immer nur unsere Meinung kundtun. Keiner von uns kann sich anmaßen, dass das, was er meint und beurteilt, wirklich gerecht ist. Wir können immer nur sagen; das ist meine Meinung, das ist meine Sichtweise. Gerechtigkeit wird hoch geachtet, aber keiner trägt sie in sich!

Rechtsstaat, aber kein Gerechtigkeitsstaat

Wie dankbar waren die ehemaligen „DDRler", als ihre Diktatur aufgelöst wurde und sie nun in einen Rechtsstaat kamen, in einen Staat, bei dem die Menschenrechte und die Rechte des Einzelnen höher geachtet wurden als dort. Wie war der Jubel vor 25 Jahren groß, als die steinerne Mauer fiel und auch die Mauer der Diktatur. Doch auch ein Rechtsstaat sorgt nicht automatisch für Gerechtigkeit. Wir wissen, wie schwierig eine Rechtsprechung ist. Das machen uns Gerichtsverhandlungen deutlich. Wie wird da intensiv nach Recht gesucht. Mit Staatsanwalt, der staatliches Recht vertritt, mit Verteidiger, der Recht und Einsicht des/der Angeklagten vertritt. Mit einem oder sogar mehreren Richtern wird versucht, das Recht herauszufinden. Wenn es gelingt, dann nähern sie sich vielleicht einem gerechten Urteil. Doch selbst bei diesem hohen Aufwand ist keine wirkliche Gerechtigkeit gewährleistet, die allen Seiten gerecht wird. Deshalb verwenden wir das Wort Rechtsprechung und reden nicht von einer Gerechtigkeitsfindung.

Bibel und Gerechtigkeit

Trotz alledem fordert uns die Bibel heraus, in unserem Leben die Gerechtigkeit zu suchen. Sie verdeutlicht, nur ein Volk, das sich die Gerechtigkeit auf die Fahne geschrieben hat, wird Erfolg und Zukunft haben. Ungerechtigkeit zerstört das Zusammenleben und zerstört die Gemeinschaft. „Gerechtigkeit erhöht ein Volk, aber die Sünde ist der Leute Verderben." (Sprüche 14,34). Vor allem in den Psalmen bitten viele Beter, dass Gott ihnen Gerechtigkeit schenkt und sie in Gerechtigkeit leitet. (Psalm 5,9; 31,2; 119,40). Die Bibel unterstreicht aber auch die Erkenntnis. In dieser Welt findet ihr keine wirkliche Gerechtigkeit. Gott ist allein der Herr der Gerechtigkeit.

Gerechtigkeit Jesu

Wir glauben nun als Christen, dass durch Jesus die Gerechtigkeit Gottes in unsere Welt kam. Jesus hat uns eine Gerechtigkeit gezeigt, die ganz anders ist. Bei ihm fallen nämlich Gerechtigkeit und Barmherzigkeit zusammen. Nehmen wir das Gleichnis vom verlorenen Sohn (Lukas 15). Ein Sohn nimmt das Erbe seines Vaters und verprasst es zu seinen Lebzeiten. Dann kommt er reumütig zurück und bittet wenigstens sein Knecht zu sein. Von unserem menschlichen Gerechtigkeitsempfinden ist alles klar. Der Sohn hat sein Anrecht als Sohn verspielt. Wenn der Vater ihn als Knecht einsetzen würde, wäre das lobenswert. Doch ihn wieder als Sohn aufzunehmen, das ist ungerecht. Und so reagiert auch der andere Sohn aus menschlicher Sicht völlig richtig. Er hält das für schreiendes Unrecht.

Doch bei Gott gibt es eine höhere Gerechtigkeit. Eine Gerechtigkeit, verbunden mit Barmherzigkeit. Solch eine Gerechtigkeit ist uns Menschen nicht möglich, weil wir nicht in das Herz eines Menschen schauen können. Die bekannte Göttin der Gerechtigkeit, die Justitia, trägt eine Augenbinde. Das bedeutet, in der weltlichen Gerechtigkeit darf das Ansehen der Person, darf das Äußere nicht zählen. Entscheidend ist das Recht. Doch Gott sieht das Herz an. Seine Gerechtigkeit ist immer von Barmherzigkeit bestimmt. Das zeigt auch die Geschichte mit dem „Schächer" am Kreuz. Ein Mörder ist zum Tode verurteilt. Er erhält – aus weltlicher Sicht – seine gerechte Strafe. Jesus hängt nun neben ihm am Kreuz. Dieser „Schächer" sucht Hilfe bei Jesus und bittet: „Denke an mich, wenn Du in dein Reich kommst." (Lukas 23,42). Jesus sieht in sein Herz. Bei ihm kommen Gerechtigkeit und Barmherzigkeit zusammen. Er erkennt seinen Glauben und sein Vertrauen und spricht ihm zu: „Heute noch wirst du mit mir im Paradiese sein." (Lukas 23,43). Aus dem weltlichen Verständnis von Gerechtigkeit erscheint uns das unmöglich – eben weil wir nicht ins Herz blicken können. Doch Jesus zeigt uns die Gerechtigkeit Gottes, die dem Menschen wirklich gerecht wird.

Allerdings bedeutet das nun nicht, dass Jesus einfach alles rechtfertigt. Wir können nicht darauf hoffen, dort wo die menschliche Gerechtigkeit scheitert, da fängt uns die Barmherzigkeit Gottes auf. Entscheidend ist unser Herz und die Erkenntnis: „Ich bin nicht gerecht." So wie es Paulus in Römer 3,10 formuliert hat: „Da ist keiner von uns, der gerecht sei, auch nicht einer." Deshalb hat Jesus in Matthäus 9,13 deutlich gemacht: „Ich bin gekommen, die Sünder zur Buße zu rufen, nicht die Gerechten." Jesus kann uns nur seine Barmherzigkeit schenken, wenn wir uns unsere Ungerechtigkeit eingestehen und seine Hilfe suchen. Doch dann öffnet sich für uns die Gerechtigkeit Gottes, und wir dürfen auf das hoffen, was Jesus in der Bergpredigt versprochen hat: „Selig sind, die da hungert und dürstet nach der Gerechtigkeit; denn sie sollen satt werden." (Matthäus 5,6). Wir werden Gerechtigkeit erleben, wunderbare Gerechtigkeit. Aller Hunger nach Gerechtigkeit, der hier in dieser Welt nicht gestillt werden konnte, wird gestillt werden. Amen.

Demut

Demut, Sanftmut, Anmut – das sind eigentlich ganz wertvolle Eigenschaften. Doch sie sind in Verruf geraten. Wie oft haben wir das erlebt, dass diese Werte nur vordergründig sind, nicht echt, nur geschauspielert. Und wenn wir genau hinsehen versteckt sich hinter dieser Demut eine Menge Hochmut und hinter der Sanftmut ein Bündel Aggression. Hochmut, Arroganz und Selbstüberschätzung sind Verhaltensweisen, die wir alle gut kennen. Sie sind menschlich. Wie oft sind wir ihnen schon selbst erlegen. Allerdings sind sie oft ehrlicher, als eine falsch verstandene Demut und Sanftmut. Entspricht nun aber Demut einer wirklich geistlichen Haltung? Sucht Gott bei uns eine solche Demut?

Erfahrungen mit Demut

Als Kind wurde ich zur christlichen Demut erzogen. Wie oft hörte ich den Satz: „Ein Christ ist demütig!“ Dagegen sind die Nichtchristen hochmütig. Denn Christen folgen dem Vorbild Jesu Christi. Er ließ in seiner Passion alles demütig über sich ergehen. Er ließ sich schlagen und kreuzigen, ohne aufzubegehren, ohne sich zu wehren. Das prägte mich als Kind. „Wenn dich jemand auf die rechte Backe schlägt, dann halte auch die linke hin.“ (Matthäus 5,39). Wie oft hörte ich den Satz: „Wer sich selbst erhöht, wird erniedrigt werden, doch wer sich selbst erniedrigt, der wird von Gott erhöht werden.“ (Matthäus 23,12) Das war mein christliches Ideal.

Irgendwann spürte ich, dass das so im Alltag nicht hinhaut. Mein demütiges Verhalten wurde ganz anders interpretiert. Es kam nicht als Ausdruck meines Glaubens an, sondern als Zeichen von Schwachheit. Meine Demut wurde als fehlendes Selbstbewusstsein verstanden oder gar als Duckmäuserei. Außerdem spürte ich etwas in mir und beobachtete es auch bei anderen christlichen Menschen. Meine demütige Haltung machte mich stolz. Mit mir geschah das, was Jesus bei den Pharisäern beobachtet hat. Falsch verstandene Demut führt nämlich zu Hochmut. Zwar erscheine ich äußerlich demütig, aber in Gedanken über andere werde ich hochmütig.

Demut in der Bibel

Erst als ich mich intensiv mit der Bibel beschäftigt habe, wurde mir deutlich, dass Demut anders verstanden werden muss. Demut bezieht sich allein auf Gott. Wenn die Bibel von Demut spricht, dann geht es um ein Beugen vor Gott und nicht um ein Beugen vor Menschen. Demut bedeutet, ich erkenne an, dass Gott mein Herr ist. Ich erkenne an, dass alles, was ich bin, von ihm komme und ich ohne ihn nichts bin. Ich beuge mich vor dem souveränen Gott, dem ich in keiner Beziehung das Wasser reichen kann. Das Wort Demut bedeutet: „Darunterbleiben“. Das heißt, ich erhebe mich nicht über Gott. Ich stelle mich nicht über das, was er mir zumutet. Ich bleibe also darunter, im Wissen, er weiß es besser als ich. Ich akzeptiere die Führungen meines Lebens. Ich nehme die Lasten, Krankheiten und Leiden, die er mir zumutet, aus seiner Hand. Ich sage Ja zu seinen Wegen im Wissen: Seine Wege sind höher als meine Wege. Demut, „Darunterbleiben“ heißt auch, „nicht mein Wille, sondern dein Wille geschehe“. In allen Bereichen meines Lebens vertraue ich auf Gott, dass sein Weg und auch sein Wille höher sind als die meinen. Demut, „Da-runterbleiben“ bezieht sich also allein auf Gott. Nur ihm steht meine Demut zu. Nur vor ihm beuge ich mich. Ich erkenne, Gott ist Gott, und ich bin nur ein Mensch! Wie kann ich mir anmaßen, es besser zu wissen als er?

Achtung zum Mitmenschen

Demut bezieht sich nicht auf Mitmenschen. Vor Menschen soll ich mich nicht beugen, denn sie sind mir ebenbürtig. Allen Menschen und auch allen Geschöpfen begegne ich mit Achtung. Achtung, weil sie Gott geschaffen hat. Achtung, weil Gott ihnen viele beeindruckende Fähigkeiten verliehen hat. Doch mit allen Menschen stehe ich auf einer Augen-höhe. Ich brauche mich nicht vor ihnen verbeugen, denn sie sind Menschen wie du und ich, auch wenn sie noch ein so hohes Ansehen haben.

Ein Glaubensmensch hat einmal formuliert: „Wenn ich mich vor Gott in Demut beuge, brauche ich mich vor keinem Menschen zu beugen." Wenn ich mich vor Gott beuge, dann richtet er mich auf. Gott braucht keine Knechte und Diener. Gott richtet uns auf, wenn wir in Demut zu ihm kommen. Er richtet uns so auf, wie der Vater den verlorenen Sohn aufgerichtet hat. Er sagt zu uns: „Du bist mein Kind! Du gehörst zu mir. Ich begleite dich in deinem Leben. Ich schenke dir das feste Rückgrat, das du in dieser Welt brauchst. Ich gebe dir Kraft zur Zivilcourage. Ich gebe dir Mut, dich für die Gerechtigkeit einzusetzen. Ich gebe dir die innere Stärke, dass du dich vor niemandem beugen musst, außer vor deinem Gott."

Demut ist also der Mut, sich vor Gott zu beugen und ihm mein ganzes Vertrauen zu schenken. Demut vor Gott macht mich mutig für die Welt. Als sein Kind bin ich das Kind des Königs aller Könige. Als sein Kind muss ich mich vor keinem Herrscher dieser Welt beugen. Ich kann selbstbewusst und aufrichtig durch mein Leben gehen. Amen.

Frieden

Frieden und Gesundheit haben etwas gemeinsam. Sie gehören beide zu den Urbedürfnissen unseres Menschseins. Da wir gegenwärtig in unserem Land – Gott sei Dank – keinen Krieg erleben, steht bei uns die Gesundheit im Vordergrund. „Hauptsache gesund", diese Redewendung begegnet uns fast täglich. Denn, wenn uns die Gesundheit fehlt, dann ist unser ganzes Leben beeinträchtigt und reduziert. Ohne Gesundheit fühlen wir uns in allen Lebensbereichen belastet. Das wissen wir und haben es schon oft erfahren. Darüber nicken wir verständnisvoll, bei den Worten: „Hauptsache gesund!"

Gäbe es in unserem Land eine Kriegsgefahr, dann würden wir wohl tagaus, tagein den Ausruf hören: „Hauptsache Frieden!". Denn uns ist dann bewusst, dass unser ganzes Leben von diesem Frieden abhängt. Krieg bringt eine ständige Angst um unser Leben mit sich. Beim Krieg erleben wir eine permanente Verunsicherung und müssen damit rechnen, dass sich schlagartig alles zum Bösen wendet. Deshalb liegt uns auf der Zunge, wenn wir Kriegerisches erleben: „Hauptsache Frieden!"

Doch was ist Friede? Auch zwischen Frieden und Gesundheit gibt es Parallelen. Gesundheit bedeutet: „Mein Immunsystem funktioniert." Die Medizin verdeutlicht uns, dass in unserem Körper ein ständiger Krieg tobt. Da existieren zahlreiche Viren und Bakterien und Träger von gefährlichen Krankheiten, die ständig vom Immunsystem in Schach gehalten werden müssen. Wenn wir krank werden, hat irgendein Krankheitserreger die Oberhand gewonnen. Die Abwehrkette unseres Immunsystems ist durchbrochen. Wir spüren eine erhöhte Temperatur. Das macht deutlich, dass unser Abwehrsystem aktiviert ist. Es tobt ein kleiner Krieg, bis das Immunsystem wieder steht, und der Patient sich wieder gesund fühlt.

Gesundheit ist also kein Zustand der Ruhe, sondern Zustand höchster Aktivität. Ich bin gesund, wenn mein Immunsystem aktiv ist. Ich bin gesund, wenn meine Abwehrketten stehen. Ich bin gesund, wenn ich den Gegner nicht unterschätze, sondern ständig im Auge habe. Gesundheit ist also höchste Wachsamkeit. Ist deshalb mein Körper böse, weil in ihm ständige Kriegsgefahr herrscht? Sollte man nicht einfach alle Krankheitserreger vernichten? Dann hätte auch das Widerstandssystem nichts mehr zu tun.

Nein, das geht nicht. Unser Organismus ist einfach so geschaffen. Der Kriegszustand gehört dazu. Die Polarität der Kräfte ist einfach vorgegeben. Leben bedeutet eben Polarität, ständiger Kampf um die Gesundheit und um das Überleben. Würden wir diese Polarität beseitigen, dann zerstören wir das Leben. So ist die Gesundheit immer so eine Art Waffenstillstand. Wenn wir gesund sind, wissen wir genau, das kann sich ganz schnell ändern. Gesundheit ist nie Besitz und fester Zustand, sondern eigentlich immer erkämpft!

Frieden ist Waffenstillstand

Vielleicht haben Sie sich gefragt, warum redet der so ausführlich über die Gesundheit? Ich denke bei der Gesundheit haben wir kapiert, dass sie im Grunde nur ein Waffenstillstand ist. Doch beim Thema Frieden werden wir von vielen Illusionen geleitet. Wie es in unserem Körper keinen Zustand der Ruhe gibt, so werden wir auch in unserer Welt keinen Zustand des

Friedens finden. Friede ist im Grunde in unserer Welt immer Waffenstillstand. Friede ist immer, das Schutzsystem funktioniert. Friede bedeutet nicht, alle Feinde sind befriedet oder gar vernichtet. Sondern Friede bedeutet viel mehr: Höchste Aktivität, Wachsamkeit, die Gefahren realistisch einschätzen, vorbereitet sein für einen Angriff, meine Schutzschilde sind stabil. Friede ist also in unserer Welt immer nur Waffenstillstand. Wir wissen, der Wind kann sich plötzlich drehen. Christine Koller hat in ihrer „Friedenslyrik" formuliert: „Euer Friede ist nie Zustand, sondern immer nur Intermezzo." Ja, das ist unsere Realität. Es ist einfach das, was wir erleben und was uns die Geschichtsbücher erzählen: „Unser Frieden ist nie Zustand, sondern immer nur Intermezzo."

Jesus und der Frieden

Wenn nun Jesus formuliert: „Den Frieden lasse ich euch, meinen Frieden gebe ich euch. Nicht gebe ich euch, wie die Welt gibt." (Johannes 14,27) Dann macht er uns deutlich: Ich werde euch euren hart erkämpften Frieden oder euren Waffenstillstand nicht nehmen. Diesen Frieden werdet ihr immer wieder finden. Er wird euch immer wieder einmal geschenkt werden. Doch nie als Dauerzustand. So lange ihr lebt, werdet ihr beide Wirklichkeiten kennenlernen: Krieg und Frieden. Schrecken und Angst vor Kriegsgefahr sowie Sehnsucht nach Frieden. Ihr werdet für den Frieden kämpfen, ja ihr müsst dafür kämpfen. Doch immer wieder wird er euch genommen werden. „Meinen Frieden gebe ich euch", verspricht uns Jesus. Er bringt einen ganz neuen Frieden. Jesus gebraucht beim Wort „Frieden" das hebräische Wort „Schalom". Schalom bedeutet mehr als Frieden. Es besagt: Heilwerden, wieder in Ordnung kommen, neu werden, wieder ganz werden.

Im Wort „Schalom" wird die Zerrissenheit, das Gebrochen sein des Menschen angesprochen. Der Mensch hat seine Ganzheit und Heimat verloren. Er ist wie „abgebrochen" und heimatlos. Ja, er hat Gott verloren. Mit Gott hat er auch seinen inneren Frieden verloren. Er ist friedlos geworden. Der Mensch ist auf der Suche nach dem verlorenen Frieden. Eine tiefe Sehnsucht nach Frieden durchzieht ihn.

Diese Friedenssehnsucht verbindet alle Menschen miteinander. Ja, seltsamerweise ist sie die tiefere Ursache des Krieges, die Sehnsucht nach Frieden. Menschen führen paradoxerweise Krieg, um Frieden zu finden. Menschen brechen auf zum Kriegstreiben, weil sie eine innere Zerrissenheit und Heimatlosigkeit treibt. Sie töten und zerstören, doch im Innersten treibt sie eine tiefe Sehnsucht nach dem verlorenen Heil.

Jesus macht nun deutlich: Ich bringe euch nicht den Weltfrieden, aber ich bringe den Frieden für eure Herzen. Ich bringe euch den Frieden Gottes, den ihr verloren habt. Durch mich findet ihr wieder euer Zuhause, eure Heimat. Der fremde Gott wird wieder euer Vater. Jesus erfüllt nicht unsere äußere Sehnsucht nach Frieden. Er erfüllt aber die Sehnsucht unseres Herzens. Er schafft den Frieden mit Gott.

Frieden mit Gott und der Welt

Der Weg zum Frieden geht also nicht nach außen, nicht hinaus in die Welt, sondern zunächst einmal nach innen. Mit Jesus beginnt die Friedensarbeit zwischen mir und Gott. Eindrucksvoll hat das Mutter Teresa formuliert. Sie, die Trägerin des Friedensnobelpreises des Jahres 1979, hat das Geheimnis ihrer Friedensfindung in folgende Worte gefasst: „Friede ist für mich eins sein mit Gott."

Der Weg des Friedens geht also zunächst nach innen. Als Friedensstifter suchen wir zunächst einmal unseren Frieden mit Gott. Wenn dieser Friede Gottes unser Leben bestimmt, wenn wir aus der Kraft der Vergebung und der Hingabe an Gott leben, dann werden wir nach draußen geführt und gewinnen die Weisheit für die Friedensarbeit in unserer Welt.

Ich schließe mit Dietrich Bonhoeffer (1906-1945), der im Dritten Reich Märtyrer des Friedens geworden ist: „Jesu Nachfolger sind zum Frieden berufen. Als Jesus sie rief, fanden sie ihren Frieden. Jesus ist ihr Friede. Nun sollen sie den Frieden nicht nur haben, sondern auch schaffen. Doch auf neuen Wegen. So sind sie Stifter göttlichen Friedens mitten in einer Welt des Hasses und des Krieges. Nirgends aber wird ihr Frieden größer sein als dort, wo sie dem Bösen im Frieden begegnen und zum Leiden bereit sind. Sie tragen mit ihrem Herrn das Kreuz, denn am Kreuz wurde Frieden gemacht. Weil sie so in das Friedenswerk Christi hineingezogen sind, werden sie Kinder Gottes genannt." Amen.

9. Von unseren Vorzügen
Schönheit, Seele, Segen

Schönheit

Die Schönheitsindustrie boomt. Es werden Milliarden weltweit ausgegeben, nur um äußerlich etwas schöner zu erscheinen. Sich gehen lassen ist out. Man muss etwas aus sich machen. Der Blick in den Spiegel ist uns allen wichtig, und wer von uns will äußerlich einen schlechten Eindruck machen oder gar asozial oder ungepflegt erscheinen. Dabei geht es uns in erster Linie nicht darum, wie andere uns finden. Wichtig ist doch, dass wir uns selbst schön finden, dass wir in den Spiegel blicken und sagen, du bist o.k., du kannst der Konkurrenz standhalten.

Innere Schönheit

Leider haben wir beim Thema „Schönheit" unser Gleichgewicht verloren. Wichtig ist uns die äußere Schönheit. Doch die Schönheit unserer Seele leidet. Wie oft begegnen uns äußerlich schön geformte und gut aussehende Menschen. Doch wenn wir in ihre Seele blicken, beginnen wir zu frieren – kalt, berechnend, ungeduldig und ohne Gefühl. Streckt hinter wertvoller Kleidung und edlem Schmuck nicht selten eine verarmte Seele, die ziellos lebt und keine bleibenden Werte besitzt?

Nach der Bibel kommt die wirkliche Schönheit von innen. Die gute und reine Seele strahlt nach außen und verleiht dem Menschen eine wirkliche Schönheit. Wir sprechen heute gerne vom Wort Ausstrahlung. Wenn uns ein Mensch beeindruckt, ganzheitlich beeindruckt, dann sagen wir, er hat eine gute Ausstrahlung. So treffen wir auf Menschen, die nach den Kriterien der Schönheitsindustrie alles andere als schön sind, die aber eine Ausstrahlung haben und eine innere Schönheit ausstrahlen, die unser Herz mehr anspricht als alles Äußere.

In der Bibel wird das Wort „schön" fast ausschließlich in der Bedeutung von „gut" gebraucht. Schön und gut gehören nach der Bibel zusammen und bilden eine Einheit. Nur was gut ist, ist auch schön. Eine bloß äußere Schönheit gilt als verkehrt und ist nicht erstrebenswert, ja wird als vergänglich gesehen.

Wie gewinnen wir nun eine innere Schönheit, eine gute Ausstrahlung? Jesus gibt darauf die Antwort: „Liebe Gott von ganzem Herzen, von ganzer Seele und mit deinem ganzen Gemüt." (Matthäus 22,37ff) Unsere Seele wird gereinigt und gewinnt an Schönheit, wenn sie sich auf Gott ausrichtet, wenn sie seine Liebe sucht und sich in sein Licht stellt. Denn Gott ist die Quelle alles Schönen und Reinen. Für unsere Seele ist die Begegnung mit Gott so etwas wie eine Schönheitskur. Ein Gottesdienst, so wie Sie ihn jetzt erleben, sollte eigentlich so etwas sein, wie ein Urlaubstag für Ihre Seele. Etwas, das Ihre Seele erfrischt und schön macht. Aber auch etwas, das Ihrem ganzen Menschen nach Leib und Seele Schönheit verleiht. Wenn Sie dann dieses Gotteshaus verlassen sind Sie etwas schöner geworden und haben eine neue Ausstrahlung gewonnen.

Schönster Herr Jesu

Ich schließe mit Liedversen, die dem 17. Jahrhundert stammen, und eine ähnliche Beliebtheit und Verbreitung gefunden haben wie das Weihnachtslied „Stille Nacht". In Holland wird das Lied „Schönster Herr Jesu" sogar als Weihnachtslied gesungen. Als Kind habe ich mich gefragt, wie weiß der Verfasser eigentlich, dass Jesus der „Schönste" war. Inzwischen verstehe ich, dass der unbekannte Dichter nicht die äußere, sondern die innere Schönheit meinte. Jesus ist deshalb der Schönste, weil seine Seele ganz mit Gott verbunden war. Sein Leben war immer auf seinen Vater im Himmel ausgerichtet, das gab ihm eine innere Schönheit, das gab ihm eine Ausstrahlung, die viele Menschen angesprochen hat. *„Schönster Herr Jesu, Herrscher aller Herren, Gottes und Marien Sohn, dich will ich lieben, dich will ich ehren, meiner Seele Freud und Kron. Schön sind die Wälder, schöner sind die Felder in der schönen Frühlingszeit; Jesus ist schöner, Jesus ist reiner, der mein traurig Herz erfreut. Schön ist der Monde, schöner ist die Sonne, schön sind auch die Sterne all. Jesus ist feiner, Jesus ist reiner als die Engel allzumal. Schön sind die Blumen, schöner sind die Menschen in der frischen Jugendzeit; sie müssen sterben, müssen verderben: Jesus bleibt in Ewigkeit. Alle die Schönheit Himmels und der Erden ist gefasst in dir allein. Nichts soll mir werden lieber auf Erden als du, liebster Jesus mein."* Amen.

Seele

Gleich am Anfang der Bibel in der Schöpfungsgeschichte wird die Seele erwähnt. Im Urtext heißt sie „näphäsch": „Atem, Kehle". Wie der Mensch zu „näphäsch", zur Seele kommt, wird so beschrieben (1. Mose 2,7): „Da nahm Gott, der Herr, Staub von der „adama" – das heißt von der „Erde" und formte daraus „adam" – das heißt den Menschen. Dann blies er ihm den Lebensatem in seine Nase und der Mensch wurde eine lebendige näphäsch, eine lebendige „Seele". Gott wird als der Schöpfer beschrieben, der mit ungemeiner Hingabe den Menschen kunstvoll und vollkommen gestaltet. Was ein menschlicher Künstler nicht vermag, seinem Kunstwerk Leben einzuhauchen, das vermag der Allmächtige. Er bläst ihm Lebens-Atem ein und der Mensch wird mit Seelenleben gefüllt.

Wenn der Mensch stirbt, weicht der Atem und der Körper verfällt, um langsam wieder zur Erde zu werden, so wie es in der Bestattungsformel aufgenommen ist: „Von Erde bist du genommen zu Erde sollst du wieder werden". Der Volksmund hat nun dieses Bild weitergesponnen. Wenn der Atem von Gott kommt, dann muss er auch wieder zu Gott zurückkehren. So entstand das Bild von der Seele, die wieder nach Hause findet. Das ist menschlich bzw. philosophisch gedacht, doch die christliche Verkündigung geht in eine andere Richtung.

Wenn wir sterben, dann sterben wir mit **Leib und Seele**. Es bleibt nichts vom alten Menschen übrig, und zwar weder eine Seele, noch eine Aura, noch irgendein Geist. Was uns als Menschen bleibt, das sind gute Erinnerungen, das ist Dankbarkeit und vor allem Liebe. Trotzdem ist nicht alles aus und vorbei. Es gibt eine andere Hoffnung! Der Apostel Paulus hat dies in die starken Worte gefasst: „Nichts kann uns trennen von der Liebe Gottes, weder Tod noch Leben, weder die Gegenwart noch die Zukunft. Es gibt absolut nichts, das uns von Gott trennen kann." (Römer 8,28f) Es gibt also etwas, das uns mit Gott verbindet, auch wenn wir Leib und Seele verlieren. Wir glauben, dass Gott unser Leben hinüberträgt in eine andere Welt, auch wenn wir zu Erde und Asche verfallen. Eines Tages werden wir neu erschaffen. Die Bibel spricht von einem geistlichen Leib. Es wird ein ganz neues Leben sein und doch wird es die Spuren des alten Lebens tragen. Wir werden uns also wieder erkennen. So wie auch Jesus nach seiner Auferstehung wieder erkannt wurde.

Die Brücke zwischen diesem alten und dem neuen Leben ist nicht die Seele. Die Brücke ist der Glaube. Allein durch unseren Glauben haben wir Verbindung vom jetzigen Leben zu diesem höheren Leben, das noch auf uns zukommt. Deshalb finden wir in der Bibel mehrfach die Aussage: „Glaubt ihr nicht, so bleibt ihr nicht." (Jesaja 7,9). Mit anderen Worten: Ohne Glauben verlieren wir unsere Zukunft.

Seele und Gotteserfahrung

Nun komme ich wieder zur Seele. Unsere Seele ist also nichts Göttliches und auch nichts Ewiges. Aber doch hat sie mit Gott und dem Glauben besonders viel zu tun. Sie ist nämlich der Bereich im Menschen, wo unser Glaube besonders intensiv erlebt wird. Mit unserem Körper können wir nicht glauben. Er kann Gott nicht wahrnehmen. Mit unserem Geist und unserem Verstand können wir Gott nur für möglich halten. Doch Glauben finden wir vor allem durch unsere Seele. Wahrscheinlich ist unsere Seele die „Brunnenstube des Glaubens". Sie ist wohl so konstruiert, dass sie das Wunder des Glaubens in besonderer Weise erfahren kann.

Ich möchte Ihnen von einem Mann erzählen, der diese Erfahrung in seiner Seele besonders eindrücklich erlebt hat. Blaise Pascal war Franzose und lebte von 1623 bis 1662. In seiner Zeit war er bereits als Kind ein Genie und zwar auf verschiedenen Gebieten. Er gilt als der Erfinder der Rechenmaschine und hatte auf unterschiedlichen Gebieten der Naturwissenschaft geniale Einsichten, die bis heute Gültigkeit haben. Auch auf religiösem und ethischem Gebiet war er ein Kämpfer und Gottsucher. So las er mehrfach die Bibel und war auch theologisch seiner Zeit voraus. Er ist nur 39 Jahre alt geworden.

Als 31jähriger wurde ihm eine besondere innere Erfahrung geschenkt, die sein weiteres Leben geprägt hat. Vorher suchte er Gott über seinen Verstand ohne tiefere Gewissheit. Nun fand er Gott in der Tiefe seiner Seele und schrieb das in seinem berühmten Memorial nieder. Diesen kleinen Text ließ er sich in seinen Rocksaum einnähen und trug ihn bis zu seinem Lebensende immer bei sich. Ich zitiere daraus einige Sätze: „Feuer, Gott Abrahams, Gott Isaaks, Gott Jakobs, nicht der Philosophen und der Gelehrten. Gewissheit, Gewissheit, Empfinden, Freude, Friede. „Dein Gott wird mein Gott sein." Vergessen der Welt und aller Dinge außer Gott. Nur auf den Wegen, die das Evangelium lehrt, ist er zu finden. Größe der menschlichen Seele. Gerechter Vater, die Welt kennt dich nicht; ich aber kenne dich." Freude, Freude, Freude, Tränen der Freude..."

Blaise Pascal war ein genialer Geist. Er wird zu den ganz großen Gelehrten der Weltgeschichte gezählt. Mit seinem außergewöhnlichen Geist konnte er zwar viele Naturgesetze erkennen, die vorher verborgen waren, doch Gott fand er nicht mit der Vernunft. Dazu benötigte er seine Seele. In einer gnädigen Stunde wurde ihm diese Erfahrung der anderen Art geschenkt. Die Folge war eine tiefe Glaubensgewissheit jenseits aller Vernunft. Er erlebte in seiner Seele Gott, so wie die alten Glaubensväter Abraham, Isaak und Jakob. Sie waren mit Gott auf „Du und Du". Sie hörten die Stimme Gottes in ihrem Leben. Das erfuhr nun Pascal in seinem Seeleninneren.

Immer wieder haben Menschen diese Erfahrung gemacht. Sie haben Gott gesucht mit menschlichen Mitteln. Sie haben ihn gesucht mit Gedankenakrobatik, mit religiösen Übungen oder einfach mit vorbildlichem ethischen

Verhalten. Doch erst ihre Seele gab ihnen die Gewissheit des Glaubens. Erst die Seele konnte ihnen das schenken, wozu unser Geist und unser Leib nicht fähig sind.

Unsere Seele ist offensichtlich der Bereich im Menschen, der Gott besonders erfährt. Dort gibt es wohl so etwas wie eine Tür zu Gott, durch die er bei uns Eingang finden kann. In Offenbarung 3,20 wird das in einem Bild umschrieben. Jesus spricht: „Siehe, ich stehe vor der Tür und klopfe an. Wer meine Stimme hört, und die Tür öffnet, zu dem werde ich eintreten und das Abendmahl mit ihm halten und er mit mir."

Hier wird angedeutet, wie seelische Glaubenserfahrungen sich entwickeln. Jesus klopft an und nennt seinen Namen. Diese Stimme Gottes hören wir als Menschen, als innere Stimme, als Stimme des Gewissens oder des Herzens. Diese Stimme wird uns auch deutlich, wenn wir beten oder die Bibel lesen. Vielleicht hören wir sie auch im Gottesdienst oder in einer stillen Stunde. Die Türe aufzutun bedeutet: das Gespräch mit ihm zu suchen, also zu beten. Damit nehmen wir die Stimme Gottes ernst und antworten darauf.

Die Sorge für unsere Seele ist deshalb besonders wichtig für ein menschliches Leben. Offensichtlich kann unserer Seele nichts Besseres passieren, als dass sie in Kontakt mit Gott kommt. In Psalm 119,10 wird verdeutlicht: „Die Seele ist das Kostbarste in uns, sie ist der wertvollste Schatz, den wir in uns tragen." Deshalb sollten wir ihr auch das Wertvollste in dieser Welt zukommen lassen, und das ist eben der Glaube an den ewigen Gott.

Schaden an der Seele (Matthäus 16,26)

Der Seele kann auch Schaden zugefügt werden. Und Jesus macht deutlich, ein Seelenschaden ist für das menschliche Leben besonders gravierend. Offensichtlich können wir diesen ungemein sensiblen Bereich unserer Seele, der Gott begegnen kann, auch mit anderen Dingen füllen. Dinge, die letztlich unser Leben zerstören. Kürzlich führte ich ein bewegendes Gespräch mit einem ehemaligen Trinker, der sich jetzt stark bei den „Anonymen Alkoholikern" engagiert. Er erzählte mir, dass ihn erst sein Glaube von der Alkoholsucht befreit hat. Ich fragte dann: „Ist das so, dass der Bereich, der vorher von der Sucht nach Alkohol besetzt war, nun vom Glauben ausgefüllt ist?" „Ja, genauso ist es", bekannte er. Er berichtete von seinem Kampf, wie der Alkohol immer wieder versuchte, diesen Raum in ihm zurückzugewinnen. Doch seitdem er seinen Glauben gefunden hat, erfährt er Frieden und seiner Seele geht es gut.

Für die „Anonymen Alkoholiker“ ist es wichtig, dass sie sich verdeutlichen, wir bleiben alkoholkrank. Das heißt nicht, dass sie weiter trinken. Nein, der Seelenschaden ist da. Sie können immer wieder zurückfallen. Sie müssen Zeit ihres Lebens diesen Bereich ihrer Seele besonders schützen. Deshalb treffen sie sich, auch wenn sie schon viele Jahre trocken sind, immer wieder, um ihre Seele zu schützen und um ihren Glauben, der die Seele abschirmt, besonders zu stärken.

Menschen, die kein Suchtproblem haben, sind geneigt, Süchtige zu verurteilen. Gerne stempeln wir sie als labile und willensschwache Menschen ab. Doch inzwischen hat man erkannt, dass wir ihnen unrecht tun. Diese Mitmenschen sind schwer krank. Ihre Krankheit ist tief in der Seele verborgen. Mit etwas Anstrengung und Selbstdisziplin ist hier nichts getan. Die Suchtkrankheit gehört zu den schwierigsten Erkrankungen des Menschen, eben deshalb, weil sie in die Tiefe der Seele hinabreicht.

Für Jesus ist also eine unbeschadete Seele wichtiger als das Gewinnen der ganzen Welt. Deshalb formuliert er (Matthäus 16,26): „Was hülfe es dem Menschen, wenn er die ganze Welt gewönne und nähme doch Schaden an seiner Seele?“ Mit anderen Worten meint er damit. Deine Seele zeigt dir den Weg zu Gott. Deine Seele hilft dir, dass du Hoffnung auf ein Leben ohne Ende bei Gott findest. Das kann dir die Welt nicht geben, auch wenn du alles erreichst, was sie zu bieten hat und du allen Erfolg und das höchste Ansehen erfährst. Die Seele ist uns von Gott geschenkt. Sie ist nicht göttlich, aber durch sie finden wir leichter zu Gott und zum Glauben. Deshalb ist sie sehr wertvoll. Jesus nennt sie sogar das Wertvollste unserer Existenz und ermahnt uns, diesen Schatz in uns zu schützen. Amen.

Segen

Zunächst drei kleine Geschichten zum Segen. Ein alter Mann war vollkommen taub. Im Gottesdienst verstand er kein einziges Wort mehr. Trotzdem kam er ganz treu jede Woche in die Kirche. Einmal fragte ich ihn mit Händen und Füßen: „Sie verstehen doch nicht, dennoch kommen Sie immer zum Gottesdienst.“ Erstaunt lauschte ich auf seine Antwort: „Wegen dem Segen.“ Er wusste: Wenn der Pfarrer die Arme hob und das Kreuz schlug, dann wurde auch er gesegnet für die neue Woche und konnte getrost nach Hause gehen.

In einem Bergdorf in den Dolomiten hatten die Bauern einen ganz weiten Weg zur Kirche. Oft kamen sie etwas später oder auch erst kurz vor Schluss. Als sie gefragt wurden: „Jetzt seid ihr soweit gelaufen und habt den halben Gottesdienst versäumt?“ Da gaben sie zur Antwort: „Das

Wichtigste ist der Segen und den haben wir mitbekommen. Nun können wir getrost und gestärkt nach Hause ziehen.“ Es war fast so, als wäre der Segen für sie etwas Handfestes, das sie nun nach Hause tragen können. Eine Ration für die neue Woche.

Früher bestanden viele Dörfer nur aus Bauernhöfen. Es war üblich, dass immer einer aus dem Hof, der Bauer oder die Bäuerin oder auch die Magd oder der Knecht, oft auch die Oma oder der Opa, zur Kirche ging und dann den Segen für den ganzen Hof mit nach Hause brachte. Es gab keinen Sonntag ohne „Segenholen“.

Menschen suchen den Segen, das spüre ich als Pfarrer immer wieder. Sie sind sehr dankbar, wenn ich ihnen den Segen zuspreche.

Segen ist uralt und braucht Vertrauen

Was ist nun der Segen? Der Segen ist uralt. Wir finden ihn schon auf der ersten Seite der Bibel. Nachdem der Mensch geschaffen war, heißt es in 1. Mose 1,27: „Und Gott segnete den Menschen mit dem Auftrag, für diese Welt Verantwortung zu übernehmen und diese Erde gut zu verwalten.“ In einer anderen Geschichte in 2. Buch Mose wird noch deutlicher, was Segen bedeutet. Mose war auf dem Berg. Das Volk Israel blieb allein. Da bauten sie sich ein Abbild von Gott, ein Kalb ganz aus Gold. Als Mose zurückkam, wurde er darüber bitter böse. Unmissverständlich machte er ihnen deutlich: Wir brauchen **keine** solchen Götzen, die von Menschenhand gemacht sind! Doch das Volk antwortete: „Wir brauchen einen Gott den wir sehen, anfassen und anbeten können.“ Später gab ihnen Gott den Segen, den der Priester Aaron nach dem Gottesdienst zusprechen sollte. Bis heute bildet er den Abschluss vieler Gottesdienste: „Der Herr segne dich und behüte dich, der Herr lasse sein Angesicht leuchten über dir, der Herr erhebe sein Angesicht auf dich und gebe dir seinen Frieden.“ (4. Mose 6,24). Mose verdeutlichte damit: Ihr braucht keine toten Götzen. Ihr habt doch einen lebendigen Gott, der immer bei euch ist. Sein Angesicht begleitet euch auf all eueren Wegen. So wie ich meine Hände hebe, so erhebt Gott unsichtbar seine Hände über euch. Er begleitet euch mit seinen Augen. Sie sehen alles. Er hält seine schützenden Hände über euch. Vertraut ihm, glaubt an den Segen.

Segnen kann ich mich nicht selbst

Segnen kann sich keiner von uns selbst. Der Segen muss uns zugesprochen werden. Auch ich als Pfarrer kann mir den Segen nicht selbst zusprechen. Auch ich bin darauf angewiesen, dass mir jemand den Segen zuspricht. Deshalb werden wir Menschen unter dem Segen alle gleich. Der Segen ist für alle da. Niemand bekommt mehr oder weniger Segen. Der König bekommt genauso viel wie der Bettler und der Erwachsene genauso viel wie das Kind. Den Segen muss ich mir nicht verdienen oder ihn bezahlen. Nein, er ist für alle gleich da – völlig kostenlos.

Segen und Vertrauen

Doch eines braucht der Segen, nämlich mein Vertrauen. Ich brauche das Vertrauen, dass sich mit dem Segen der Himmel öffnet und Gottes Angesicht unser Leben unsichtbar begleitet, leitet und beschützt. Ohne diesen Glauben sind alle Segensworte nur Schall und Rauch, schöne Worte ohne Wirkung. Der Segen lebt vom Glauben. Mit meinem Glauben weiß ich mich geborgen in den Händen Gottes. Ich weiß, dass er mich von allen Seiten umgibt und dass mich absolut nichts von seiner Liebe trennen kann.

Das deutsche Wort Segen kommt vom Wort „signum", das bedeutet „Zeichen" Gottes. Der Segen will also ein Zeichen sein, dass Gott mir nahe ist und mich mit seiner Macht und Liebe begleitet. Im Lateinischen heißt segnen „benedictio", das bedeutet, jemandem etwas Gutes zusagen. Der Segen ist also wie ein Sprachrohr, durch das Gott zu mir spricht: „Vertraue mir, denn meine Liebe und Freundlichkeit begleiten dein Leben. Vertraue mir, ich will dich mit der Kraft ausrüsten, die du brauchst." Amen.

Für alle Unterstützung bei der Bearbeitung und Korrektur der Text danke ich herzlich:

Christine Schmidt, Helmut Lindner und Dr. Klaus Loscher

Bibelstellenverzeichnis

Printed by Books on Demand GmbH, Norderstedt / Germany